AMATÖÖRIN MANIFESTI

Teo Rautio

AMATÖÖRIN MANIFESTI

Kannen suunnittelu ja sisuksen taitto: Teo Rautio

Kustantaja: BoD · Books on Demand, Mannerheimintie 12 B, 00100 Helsinki, bod@bod.fi
Kirjapaino: Libri Plureos GmbH, Friedensallee 273, 22763 Hampuri, Saksa

ISBN: 978-952-80-9456-2

Sisällys

Ryhdyin kirjoittamaan tätä toukokuussa 2023 – liki tarkalleen kaksi vuotta sitten. Vaikutustyöni valtakunnallisella tasolla oli tuolloin uusien järjestösektorin luottamustoimien myötä kiihtymään päin ja tuntui luontevalta kirjata ylös kohtaamisten nostamia ajatuksia. En ollut koskaan moinen päiväkirjan kirjoittaja, mutta ajatusten purkaminen esseemuotoisiksi kannanotoiksi – joskus ehkä pikemminkin vuodatuksiksi – tuntui tuolloin oikealta.

Viikkojen ja kuukausien myötä into kirjoittamiseen kasvoi ja aloin unelmoida niinkin kaukaisesta haaveesta kuin oman kirjateoksen julkaisemisesta. Tunsin omaavani kokemusta ja näkemystä asioista, jotka usein jäävät pimentoon niin nuorisovaikuttamisessa ja puoluepolitiikassa kuin näitä käsittelevissä julkaisuissa. Kirjoittamisen alkuvaiheissa toivoin tutkivani kirjan keinoin ihmisten suhtautumista politiikkaan – näiden vieraantumista ja halua vältellä politiikkaa – mutta huomaan tämän punaisen langan hiljattain väistyneen vahvemman omaäänisyyden ja katselmallisuuden tieltä.

Poliittinen vaikuttaminen on esteettömämpää kuin koskaan, mutta päättäjiksi valikoituvat vain parhaat puhujat. Yhteiskunnan päätöksenteko siirtyy tasostaan riippumatta päteviltä toimijoilta retorikoille. Tämän trendin mainingeissa uusi sukupolvi ottaa ensiaskeleensa politiikan näyttämöllä, mutta kehityksen suosiessa kiistanalaisuutta ja populisteja, millaiseen asemaan jäävät ne nuoret, jotka eivät suostu myymään arvojaan?

Edustuksellisen demokratian tukipilareina toimineet puolueet eivät sen suuremmin täytä vaalilupauksiaan kuin ylläpidä itse nimeämiä perusarvojaan. Äänimandaattinsa turvin toimivat päättäjät antavat huutelullaan ja solvauksillaan eduskunnasta parlamentin sijaan lähes esikoulumaisen vaikutelman. Kuinka poliittisen toimijan – vasta-alkajan tai konkarin – tulisi tässä valossa luottaa yhteiskuntajärjestelmän toimivuuteen tai edes toivoa tuovansa oman panoksensa sen ylläpitoon? Miksi kukaan edes haluaisi?

Millaisen tulevaisuuden näkymän nykyinen globaali tilanne tarjoaa politiikan tarkastelijalle? Nationalistisen populismin tehdessä vakaata paluutaan maailmanlaajuisesti, mitkä ovat sitä vastustavien tulevaisuuden näkymät? Maailman mahtavimpien valtioiden ja liittoumien pohjatessa *mexican standoff* -tasoiselle yhteistuholle, onko rauhaisa yhteiselo vain utopiaa?

Amatöörin manifesti on laaja-alainen yhteiskuntakritiikki, joka käsittelee niin matalan tason kotimaisen vaikutustyön haasteita kuin kansainvälisiä megatrendejä. Se kyseenalaistaa nykyisten politiikan järjestelmiemme sitoutumisen demokratiaan ja vaatii – milloin puolueiden ja puoluejohdon, milloin yksittäisten toimijoiden – päitä vadille rikkomuksistaan.

LUKU 1 – POLITIIKKAA, RETORIIKKAA

Ei puhuta politiikkaa

Yllätän itseni jälleen kerran selailemasta sosiaalista mediaa päivät pitkät, kuitenkaan saamatta mitään konkreettista aikaiseksi. Vuosien selailun aikana muodostunut informaatiokupla syöttää silmieni eteen juuri haluamaani sisältöä, eikä minun tarvitse kuin klikkailla tykkäyksiä menemään, ilman sen suurempaa ajatustyötä tai tunnereaktiota. Sosiaalisen median algoritmien suoltaessa eteeni täysin omien näkemysteni ja kiinnostuksen kohteideni mukaista sisältöä, kriittiselle ajattelulle ei ole tarvetta. Kuitenkin jossain kohtaa tämä minulle oman kuplani artikkeleita syöttävä algoritmikin erehtyy ja kuplani poksahtaa. Liekö olen joskus tykännyt geneerisestä meemisivustosta, joka vain tällä kertaa "erehtyi" julkaisemaan poliittisen kannanoton, tai josko olen epähuomiossa joskus samanlaisesta kuvasta tykännyt. Nyt kuitenkin keskellä näyttöä seisoo joukko suhteellisen karkeasti raapusteltuja sarjakuvan pätkiä.

Osassa julistetaan naisen kuuluvan puhtaasti keittiön ja nyrkin väliin, jossain kuulutetaan feministien olevan syypäitä maailmanloppuun ja vieläpä jossain syytetään homoja sateenkaaren varastamisesta jumalalta. Kommenttikenttää luonnollisesti täyttävät huutelut nykypäivän hulluudesta ja voivottelut siitä, kuinka ajat olivat niin paljon parempia silloin, kun lapsia sai vielä lyöden kurittaa.

Sosiaalisen median hyväksi puoleksi ollaan kuvattu sitä, että se antaa äänen jokaiselle. Huonoksi puoleksi usein puolestaan kuvataan sitä, että se tosiaankin antaa äänen jokaiselle. Jokaisen yhteisön äänekkäimmät jäsenet pääsevät eniten esille ja ensivaikutelma yhteisöstä syntyy useimmiten juuri näiden höyrypäiden teksteistä ja julkaisuista. Tietenkin tämä luo yhteisöistä vain karikatyyrejä ja kärjistää ideologiset erot äärimmilleen. En epäile hetkeäkään, etteikö tälläkin kertaa olisi kyse juuri tämänkaltaisesta kärjistymisestä. Hieman silti hymähdän tällekin internetin kolkalle ja jatkan selailujani.

Myöhemmin viikolla tapaan perin suomalaiseen tapaan muutamaa tuttavaani kaljottelun merkeissä. Parikymppisinä ja työttöminä tapaamme jälleen kerran kotonani, koska ovathan baarihinnat huomattavasti hintatasomme yläpuolella. Pari tölkkiä juotuamme keskustelumme alkaa harhailla ja jostain päähänpistosta mieleeni juolahtavat aiemmin viikolla eteeni tulleet sarjikset ja niiden reaktiot. Aikaa näiden mielestäni naurettavien kuvien kertaamiseen kuluu puoli minuuttia, jonka jälkeen parin kaverini kanssa naurahdamme vielä koko jutulle. Keskustelu ottaa tästä kolmenkymmenen sekunnin aiheesta hieman tuulta alleen ja muutaman minuutin vaihdamme ajatuksia liittyen muun muassa sosiaaliseen mediaan, konservatismiin ja uskonnon yhteiskunnalliseen asemaan.

Kuitenkin huomaan, tämän mielestäni varsin mielenkiintoisen keskusteluaiheen aikana, erään kaverini pysyttelevän hiljaa ja – ilmeisesti päästäkseen pakoon vallitsevaa keskustelua – hänen lähtevän ulos savukkeelle. Kyseinen käytös ei ole ystäväni tapaista, joten lähdenpä vaihteeksi mukaan ja ulkona värjötellessä tiedustelen, josko jokin on hullusti. Kaveri murahtaa tähän lyhyesti ja yksinkertaisesti: "Ei puhuta politiikkaa jookos".

Tai noh, yksinkertaisesta en nyt tiedä. En epäile etteikö vastaus olisi ollut täysin todenmukainen tai etteikö tämä olisi asiaa juuri näin ajatellut. Kuitenkin se jäi mietityttämään.

Vastaus on sama, johon olen saanut törmätä niin usein ja välillä mitä eriskummallisemmissa yhteyksissä; tällä kertaa illanistujaisissa. Ystäväni näkemys on sama, jonka sadattuhannet suomalaiset jakavat. Aina yhtä seksikäs yhteiskuntaamme kannatteleva pilari – politiikka – nähdään helpompana aiheena välttää kuin käsitellä.

Monet mieluummin ummistavat silmänsä yhteiskuntaamme ohjaaville prosesseille ja jättävät tuon pandoran lippaan avaamatta. Tätä päätöstä haluaisin lyhyesti pohtia ja toivottavasti myös oppia ymmärtämään paremmin.

Tarkentaakseni hieman; tietenkin ihmisillä on aiheita, jotka he tuntevat epämiellyttäviksi tai joista he eivät muuten vain välitä keskustella. Rikoksen uhri luultavasti mieluummin välttää kyseistä aihetta keskustelussa ja vaikkapa rahansa kasinolla menettänyt ei sillä hetkellä välitä puhua uhkapelaamisesta.

Oli syy sitten keskustelunaiheen aiheuttama henkilökohtainen tai yleispätevä nolous, häpeä, tietämättömyys, traumaattisuus, tai mikä tahansa muu mahdollinen syy, on ihmisellä tietenkin oikeus olla osallistumatta keskusteluun ja poistua tilanteesta.

Kiinnostukseni "Ei puhuta politiikkaa"-lausahdukseen ja mentaliteettiin syntyykin kahdesta täysin näistä tekijöistä irrallisesta seikasta:

1. Politiikan määritelmästä

Suurena elokuvien ystävänä, voisimme vetää havainnollistavat esimerkkimme tilanteeseen tällä kertaa vaikkapa juuri elokuvateollisuuden parista:

Olisiko vaikkapa keskustelu Hollywoodin vaikutuksesta talouteen politiikkaa? Entä turismiin? Onko ylipäätään kaikki keskustelu elokuvateollisuudesta politiikkaa? Mitenkäs yksittäinen elokuva? Riippuuko se elokuvan aiheesta tai vaikuttavatko elokuvan tuottamiseen johtaneet taustatekijät elokuvakeskustelun poliittisuuteen?

Kuinka toimisi elokuva, jonka perimmäisenä tarkoituksena olisi ainoastaan toimia räikeänä poliittisena kannanottona, mutta joka saa ihailijakseen vaikkapa Jaakon, joka puolestaan pitää elokuvasta puhtaasti sen hahmojen, juonen ja visuaalien vuoksi?

Oletetaan, että Jaakko ei vain tiedä elokuvan olleen tarkoitettu kannanotoksi ja oletetaan Jaakon haluavan vältellä yhteiskunnallista keskustelua aina maailman tappiin asti. Pilaisiko elokuvan taustojen paljastaminen Jaakon elokuvanautinnon?

Onko mikään taide tai luova työ täysin kantaa ottamatonta vai riippuuko tämä tulkinnasta?

Onko aiheen poliittisuus aina aihetta käsittelevästä ihmisestä kiinni?

Ja vielä viimeiseksi; ovatko kaikki mielipiteet politiikkaa vai vain sellaiset, jotka laajemmin käsittelevät yhteiskunnallisia teemoja?

2. Asenteen yleisyydestä

Miksi niin monet ihmiset haluavat välttää poliittisen keskustelun? Eivätkö laajat yhteiskunnalliset asiat ja tapahtumat yksinkertaisesti kiinnosta tavantallaajaa vai tunnetaanko ne liian valtaisiksi kokonaisuuksiksi käsitellä?

Tuntevatko monet, ettei heidän mielipiteillään voi vaikuttaa tai ovatko vaikutustyötä harjoittaneet jo lannistuneet kohdatessaan jonkin seinän toiminnassaan?

Onko poliittinen keskustelu liian vihamielistä ja kärjistynyttä? Jos on, niin miksi? Miten tämä ilmapiiri vaikuttaa ihmisten mielenkiintoon ja poliittisen keskustelun laatuun? Ovatko poliittisesta keskustelusta kieltäytymisen taustalla yksilön omat negatiiviset kokemukset vai onko kyse ennemminkin keskusteluilmapiirin ongelmista?

Ehkä lausahduksesta tekee omalla kohdallani moniulotteisen myös se, että olen itse jonkin aikaa ollut poliittisessa toiminnassa mukana, joten väistämättä näen maailman myös tämän kokemuksen tarjoamien linssin läpi. En nyt tietenkään ole toiminut missään hulppeassa pestissä – silloinhan minut saatettaisiin jo herranjumala tunnistaa.

Kuitenkin olen jotenkin päässyt vakuuttamaan itseni siitä, että joidenkin valtuutettujen tai parlamentaarikkojen tunteminen olisi jotenkin todella hienoa. Että kavereiden omatessa jonkintasoista valtaa, olisi itsekin jollain lailla tärkeä, ja että omia mielipiteitä saisi tuotua esiin helpommin – saisi vaikutettua "suoremmin". Todellisuudessahan näin ei ole, mutta saanpahan ainakin leikkiä olevani jonkin maailman poliittinen vaikuttaja ja näin elellä omissa fantasioissani.

Tämä siis sanoakseni, että politiikka omaa roolin elämässäni ja tämä luultavasti vääristää kuvaani sen mielenkiinnosta muiden silmissä. Onko poliitikkoa larppaavan täten edes mahdollista ohittaa oma biasinsa koko politiikan konseptin suhteen ja onko näin ollen mahdollista tarkastella asiaa objektiivisesti?

No yritetään.

Mitä on politiikka? Joskus peruskoulun yhteiskuntaopin tunnilla, muistan mieleeni tarttuneen klassisen – jo kliseeksi muodostuneen – selityksen "politiikka on yhteisten asioiden hoitamista". En toki muista kertoiko tämän minulle oppikirja vai opettaja, mutta jostain syystä lausahdus iskostui lujasti jonnekkin pääkoppani uumeniin.

Peruspiirteittäin väite pitänee kyllä paikkansa. Politiikka tosiaan sisältää yhteisistä säännöistä ja säädöksistä päättämistä. Säännöt ja säädökset puolestaan heijastuvat yhteiskunnallisiin normeihimme ja tämän kautta muovaavat maailmaa entisestään mukaisekseen. Kuitenkin tämä peruskoulussa minuun vaikutuksen tehnyt lausahdus jättää ulkopuolelleen politiikan perustekijöistä ehkä keskeisimmän: konfliktin.

Jokaisella ihmisellä on oma käsityksensä siitä, kuinka yhteisiä asioita tulisi hoitaa. Tämän seurauksena – heittäessämme vaikkapa parikin sataa samoista asioista eri mieltä olevaa henkilöä samaan huoneeseen – konflikti on perin luonnollisesti politiikan korostunein piirre.

Pienenä – luultavasti jonkin verran alle alakouluikäisenä lapsena – muistan kuinka rakastin seurata Yleltä "Itse valtiaat" -animaatiosarjaa. Sarja oli satiirinen komedia, jonka hahmoina toimivat Suomen tuolloiset tähtipoliitikot: presidentti, avainministerit ja puoluejohtajat. Sarjan aiheen niin sanotusta harmaudesta huolimatta, sen satiirinen komedia ja poliitikkojen karikatyyrit osuvat mielestäni hyvinkin kohdilleen. Pikkuista 5-vuotiasta Teoa hauskuutti sarjan visuaalinen tarinankerronta ja nyt hieman vähemmän pikkuista neljännes vuosisadan elänyttä Teoa hauskuuttaa sarjan satiirinen huumori ja kantaaottavuus.

Pienenä tietenkin oli hulvattoman hauskaa nähdä pääministeri Paavo Lipposen ampuvan ulkoministeri Erkki Tuomiojaa käsiin räjähtävällä haulikolla, keskustan puheenjohtaja Esko Ahon sivaltavan pahaa klooniaan lasertalikolla, ja kansanedustaja Ben Zyskowiczin käristävän edellä mainittua pääministeriä liekinheittimellä.

Jos tämä satiiri ei kuvastanut jo nuorille katsojilleen varsin ilmeisesti politiikan konfliktinomaisuutta, niin tuskin sitä kuvasti mikään muukaan. En tietenkään tarkoita tällä, että eduskunnan käytävillä demarit alituiseen saalistaisivat toisiaan tuliaseilla, tai että meidän tulisi alituiseen vältellä kokoomuksen edustajien liekinheitintulta. Pikemminkin uskon sarjan pyrkineen näyttämään yleisölleen erittäin karkean karikatyyrin juurikin eduskunnan sisäisistä ongelmista sekä kansanedustajien välisistä konflikteista.

Sarjan huumoria jo vuosikymmeniä nauttineenakin tunnen sisäistäneeni politiikan konfliktin keskeisyyden vasta oman yhteiskunnallisen vaikutustyön aloitettuani.

Tietenkin niin Itse valtiaat -sarja että tämä tekstin tynkänikin tähän mennessä ovat käsitelleet lähinnä valtapolitiikkaa ja näitä politiikan varsin loisteliaita puolia. Kuitenkin politiikasta puhuttaessa täytyy ottaa huomioon sen luonne kokonaisemmin ja tämä eroaa varsin mittavasti suorasta vallan käytöstä tai median edessä tärkeilystä.

Ihmisen kuullessa sanan "politiikka" ensimmäiset mieleen juolahtavat kuvat ovat luultavammin pukumiehiä ja naisia arvokkaissa neuvotteluissaan ja tapaamisissaan. Tärkeän näköiset ihmiset porhaltamassa eduskunnan portaissa ja kaupungintaloilla. Samat tärkeät ihmiset nostamassa suurempaa palkkaa kuin mistä kannattaa itse haaveillakaan ja siihen päälle vielä muhkeat virkaedut sekä valtaisat kokouspalkkiot!

Tämä on se mielikuva, jonka yhteiskuntamme ja mediamme meille luo. Harva sitä lähtee yksinpäiten haastamaankaan. Tämä kuva on tarkka kuvaus ja sitä en kiellä. Se on tarkka kuvaus politiikan korkeimmasta yhdestä promillesta. Se on kuvaus niistä, jotka ovat nousseet asemaansa lukemattomien ihmisten avulla ja määrätietoisella työpanoksella.

Puoluepolitiikan – tai muunkaan laajamittaisen järjestöpolitiikan – ytimenä eivät ole kansanedustajat tai parlamentaarikot. Ytimenä toimii koko koneiston perusyksikkö: paikallisosasto ja vielä tarkemmin näiden osastojen yksittäiset aktiivit. Oli osastojen toiminta sitten vaikkapa mielekkään tapahtuman järjestämistä omalla paikkakunnalla, omia aatteita julistavien flaikkujen jakoa, taikka ihan vain yhteisöllistä yhdessäoloa, nämä ovat ne yksiköt, jotka todella mahdollistavat median luoman kuvan politiikasta. Järjestön ideaalit, ajatukset ja aatteet tietenkin saadaan myös valtavirran tietoon näkyvämmin, jos oman järjestön edustaja istuu vaikkapa kunnanvaltuustossa tai eduskunnassa. Eikö siis ole järjestöille luonnollista pyrkiä kartuttamaan itselleen valtaa myös näitä edustajien paikkoja hyväksikäyttäen?

Päätöksentekovalta tuo mukanaan vastuuta ja sen mukana paineita, mutta päivän päätteeksi tämäkin valta kiteytyy vain valintaan muutaman eri nappulan välillä; jaa, ei ja tyhjä. Itse tämän "nappulanvalintavallan" saavuttaminen on useille se päämäärä, jota kohti heitä ajaa valtaisan työn tekevä tukijoukko.

Politiikka on monia asioita. Se on mielipiteitä. Se on vaikuttamista. Se on konfliktia. Mutta yksi asia, mitä se ei ole, on yksinpeliä.

Konflikti näyttää tässäkin toki meille ilkeää naamaansa. Kaikki järjestöt ja yhdistykset eivät tietenkään pelaa samojen sääntöjen mukaisesti eivätkä suinkaan kaavoittele liikkeitään yksissä tuumin. Tämäpä se vasta osaakin kismittää.

Internetin myötä sosiaalisen median nousu eräänlaiseen median valta-asemaan on antanut mahdollisuuden kansalaisliikkeiden uuteen renessanssiin. Tehokkaampi viestintä, näkyvyys ja kokonaisuudessaan vahva sosiaalisen median presenssi ovat luoneet useista yhteiskunnallisista liikkeistä erityisesti nuorten ja nuorten aikuisten keskuudessa suositumpia kuin koskaan.

Näkyvimpänä esimerkkinä modernista kansalaisliikkeestä voidaan kaiketi pitää Elokapinaa/Extinction Rebellionia. Huoli maapallon tilasta ja ihmisten välinpitämättömyydestä tulevaa tuhoa kohtaan on Suomessakin saanut sadat ihmiset liittymään liikkeeseen ja jopa tuhannet osallistumaan sen toimintaan. Ihmismassat uhmaavat rauhanomaisin keinoin virkavaltaa aattensa puolesta, uskoessaan aatteellisen työnsä auttavan koko ihmiskuntaa. Suureksi kiitokseksi tästä he tietenkin saavat kunnioituksen sijaan valtavirtojen vihat niskaansa.

Töissäkäyviä ei kiinnosta kapinoitsijoiden viesti tai aatteet näiden tukkiessa työpaikoille vievät tiet, eikä poliisia erityisemmin huvita selvitellä tilannetta, oikeiden rosvojen ja ryöväreiden ollessa vapaalla jalalla. Todellisuudessa rosvojen ja ryövärien joukko koostuu liki täysin myöhäisiltojen kadulle kuseksijoista ja työssä käyvät luultavasti arvostavat elinkelpoista maapalloa enemmän kuin toimeentuloaan. Lainkuuliainen kansa katsoo muualle ja voi tuntea hyvää omaatuntoa "toimiessaan oikein" kapinoitsijoiden rinnalla. On hankala kuvitella kenenkään vastustavan niinkin radikaalia ajatusta kuin elinkelpoista maapalloa, mutta yksittäisten kapinoitsijoiden huolet on kyllä helppo sivuuttaa ja heidät asettaa naurunalaiseksi.

Tämä nyt tietysti on ainakin osakseen kärjistetty karikatyyri liikkeen todellisista vaikutuksista, mutta en voi siltikään muuta kuin hämmästellä kaikkea tämän liikkeen saamaa kritiikkiä. Sen sijaan, että uutisointia syntyisi mielenosoitusten ja muun aktivismin takana olevista syistä, paistaa otsikoista vain juuri tavan tallaajille aiheutunut harmistus.

Samaan aikaan, tämän aktivismin jyllätessä, puhumme ilmastokriisin ratkaisujen sijaan perussuomalaisten uljaan komennon johdolla ilmastotoimien heikentämisestä ja siitä valtaisasta rahamäärästä, joka näihin toimiin "tuhlataan." Henkilökohtaisesti uskoisin sään ääri-ilmiöiden aiheuttamien tuhojen ja ilmastopakolaisuuden olevan himppusen verran kalliimpaa, mutta mistäs minä mitään tiedän.

En voi muuta tehdä kuin nostaa hattua Elokapina-liikkeen toiminnalle. Elokapinan toimijat tietävät, että, siirtämällä toimintansa painopistettä kansalaistottelemattomuudesta parlamentaariseen vaikutustyöhön, he toisaalta voisivat todennäköisesti parantaa uskottavuuttaan tämän itseään "kunnon kansalaisiksi" tituleeraavan väestön joukossa, mutta toisaalta itse vaikutustyö hyötyy kansalaistottelemattomuudesta enemmän. Parlamentaarisena toimijana he olisivat vain yksi poliittinen toimija muiden joukossa. Elokapinana he ovat Elokapina. He asettavat itsensä alttiiksi kansalaisten vihalle ja virkavallan vastatoimille, koska uskovat ilmastonmuutoksen vastaisen toiminnan hyödyttävän viime kädessä meitä jokaista.

Toiminta pyrkii täysin väkivallattomasti ja humaanisti takaamaan paremman aseman jokaiselle, riippumatta ihmisiä muutoin niin jakavista erinäisistä tekijöistä. Harva järjestö, yhteisö tai valtio voi sanoa toimivansa näinkin jalon asian puolesta yhtäläisen epäitsekkäin keinoin.

Politiikkaa vieroksuva ystäväni tuskin erityisesti pitäisi Elokapina-liikkeen toiminnasta. Hän luultavimmin pitäisi järjestön toimintaa turhan poliittisena ja täten mieluiten vaikenisi aiheen noustessa esille. On kerrassaan mielenkiintoista, kuinka niinkin radikaaleja ajatuksia kuten ihmisten ja eläinten selviytymistä pidetään poliittisena ja tämän myötä kiistanalaisena.

Ja kyllä. Tiedän vallan mainiosti, että vaikka valtiotason politiikan kiistanalaisena kysymyksenä ei ole "tulisiko ihmisen lajina pysyä hengissä", vaan pikemminkin kiistely ympäristöpolitiikkaan kuluvista resursseista ja sen vaikutuksista muille elämänaloille.

Perussuomalaisia voitanee käyttää ajankohtaisena esimerkkinä tästä kärjistyneestä ympäristöpoliittisesta keskustelusta. Puolueen puheenjohtaja Riikka Purra kiteytti tehokkaasti ja varsin mieleenpainuvasti puolueen näkemykset 2023 eduskuntavaalien alla twiitissään:

> "PS vastustaa päätöntä ilmasto- ja ympäristöpolitiikkaa, kuten EU:n pakkoremontteja. Meillä ei riitä raha, materiaalit tai tekijät näihin todellisuudesta irroneisiin hankkeisiin. Verorahan jatkuva kippaaminen "ilmaston" hyväksi ilman mitään hyötyä "ilmastolle" pitää lopettaa!"

Ilmasto sana on päätynyt jo lainausmerkkeihin ja minkäs sille teet, ettei raha yksinkertaisesti riitä. Valtio ei suinkaan voi toteuttaa toimia varojensa lisäämiseksi tai ilmastoa vahingoittavien menojen – kuten dieselpolttoaineen bensiiniä alhaisemman veroasteen, turvetaloudelle myönnetyn tuen, tai puupohjaisten polttoaineiden verottomuuden – leikkaamiseksi. Riikka hyvä, kyllä keinoja löytyy. Vaikka ilmastotoimet tulevat eittämättä maksamaan pitkän pennin, tulee passiivisuus maksamaan myös rahojensa perään haikailevalle Riikalle moninkertaisesti – niin rahassa kuin myös ihmishengissä.

Muotoilulla jatkoon

Mainitsinkin jo keskustelun aiheen sikäläisen absurdiuden sen osalta, että kysymys ympäristötoimista tosiaan voidaan muotoilla koskemaan koko ihmiskunnan selviämisen jatkumista. Argumentoijan käyttäessä näinkin härskiä retoriikkaa, myöntävä vastaus kysymykseen kumpuaa pikemminkin maalaisjärjestä kuin syntyy pitkällisen ajatteluprosessin tuloksena. "Tottakai ihmiskunnan tulisi elää vielä oman sukupolvemmekin jälkeen".

Olisiko siis politiikasta puhuminen sallittua riippuen asian muotoilusta? Voiko asioita tarkoituksellisesti kärjistämällä kohottaa ihmisten halua tai valmiutta puhua yhteiskunnallisista asioista tai ilmiöistä? Tällaisessa lähestymistavassa on toki se vaara, että puheen luonne alkaa muistuttaa liikaa smalltalkia ja asioista keskustelemisen sijaan huomaammekin pian puhuvamme vain lämpimiksemme.

Entä toimisiko tämä lähestymistapa toisin päin? Voisiko jokaisen mielipiteen politisoida tai paisutella käsittelemään laajempaa yhteiskuntaa vain keskustelun kieltä muokkaamalla? Jos kaljoittelen ystäväni kanssa lempipubissamme ja kauhistelemme kuinka oluttuopin hinta on noussut eurolla, voisiko joku ajatella meidän kauhistelevan suoranaisesti koko inflaatiota ja sitä kiihdyttävää maailmanpoliittista tilannetta?

Vuoden 2023 eduskuntavaalien alla useat puolueet lähestyivät kampanjointiaan pitkälti juuri tämänkaltaisesta näkökulmasta. SDP:n leivissä toimiessani muistan käytössä olleen sovelluksen, johon kampanjoivat toimijat kirjasivat kohtaamiensa ihmisten määrät sekä päivän mittaan kansalaisia kiinnostaneet puheenaiheet. Puolue myöhemmin käyttäisi näitä tietoja kartoittaakseen arkisten keskustelujen piiristä laajemmat kokonaisuudet, joihin panostaa valtakunnallisella tasolla.

Tietenkin yleiset keskustelujen teemat, kuten elintarvikkeiden hinta, terveydenhuolto ja Venäjän sota Ukrainassa, ovat jo valmiiksi luonteeltaan poliittisia ja täten käyttövalmista dataa.

Toimisiko tämä sitten myös matalammalla tasolla? Mitä jos valittelisimme ystäväni kanssa tuopin hinnasta ja viereisessä pöydässä keskustelumme kuulisi paikallinen kunnallispoliitikko, joka on kuullut saman valittelun jo tuhat kertaa?

Mitä jos kyseinen poliitikko tästä valittelun paljoudesta inspiroituneena ottaisi tehtäväkseen parantaa yritysten asemaa kunnan alueella, jonka seurauksena tuoppien hinnat palautuisivat "normaaleiksi"?

Olisimmeko me nyt ystäväni kanssa menneet ja tahattomasti harjoittaneet politiikkaa?

Kaitpa joku voisi näinkin argumentoida. Todennäköisimmin vastaus kuitenkin on, että emme olisi ja vaikka olisimmekin, ei sillä olisi yksilöinä meille merkitystä.

Politiikan harjoittamista tai muutosprosessia voitaisiin tällaisessa tilanteessa ajatella kai pikemminkin – varsin romantisoidusti – valtoimenaan roihuavana palona, joka saa kipinänsä täysin itsensä ulkopuolisesta lähteestä. Kipinä voi kaiketi tällaisessa vertauksessa olla tarkoituksellisesti tai vahingossa aiheutunut, mutta jälkimmäisessä tapauksessa, sekä kipinän aiheuttajan jättäessä sen huomiotta, tällä tuskin on mitään vaikutusta aiheuttajan ajatusmaailmaan tai suhtautumiseen koko prosessia kohtaan.

Tämä pistää miettimään; vaikuttavatko poliittinen keskustelukulttuuri ja aiheet mielipiteisiimme enemmän kuin itse politiikka aihekokonaisuutena? Suoranaisten mielipide-erojen ulkopuolella myös erityisesti keskustelukulttuuri omaa moninaisia paikoin ongelmallisia piirteitä. Näistä etunenässä mieleeni nousevat pakonomaisesti poliittisen kentän täyttävät populistiset puheet, halpa retoriikka ja nämä jälleen ihanasti yhteen sitova konflikti – halu kilpailla ja voittaa. Halu olla oikeassa hinnalla millä hyvänsä ja tästä johtuva kyvyttömyys myöntää olevansa väärässä. Näillä keinoin pienen ryhmän tai henkilökohtaisen edun ajaminen suorastaan vääristää ja tahraa koko yhteisiä päämääriä tavoittelevan yhteiskuntajärjestelmän.

Muutaman viimeisen vuoden aikana olemme kokeneet vahvan muutoksen valtakunnan politiikassa käytettävässä retoriikassa. Populistiset puolueet, erityisesti klassisen nelikentän oikeistokonservatiivisesta siivestä, ovat olleet vahvassa nousussa nimenomaan länsimaisten demokratioiden sisällä.

Donald Trumpin nousua Yhdysvaltojen presidentiksi vuonna 2016 voidaan pitää kaiketi eräänlaisena käännekohtana tavassa, jolla politiikkaa harjoitetaan. Aina oli löytynyt vaikutusvaltaisia poliitikkoja, jotka toistelevat toinen toistaan sekopäisempiä väitteitä, mutta heidät on usein tarkoituksellisesti sysätty politiikan niin kutsutun valtavirran ulkopuolelle. Nyt maailman vaikutusvaltaisimman valtion päämiehenä toimi mies, joka vakuutteli ilmastonmuutoksen olevan kiinalaisten salajuoni, takasi tietävänsä paljon sanoja – oikeastaan omaavansa "parhaat sanat" – ja joka ylpeästi kertoili kuinka hänen ei onnekseen tarvitse tukeutua asiantuntijoihin, hänen omatessaan "erittäin hyvät aivot". Parhaat sanat totta tosiaan.

Mitä tulee Trumpin harjoittamaan populismiin, vahvat nationalistiset teemat ja lausunnot toimivat sekä kampanjan että hänen presidenttikautensa kulmakivinä. "Make America Great Again/Tehdään Amerikasta Jälleen Mahtava" toimi kantavana iskulauseena Trumpin 2016-kampanjan aikana ja elää vahvana vielä näin muutama vuotta tämän kauden jälkeenkin, tämän 2024-kampanjasta nyt puhumattakaan.

Eräänä näkyvimmistä tämän iskulauseen ilmentymistä, USA:n jossain vaiheessa menettämää mahtavuutta alettiin hakemaan takaisin muun muassa suuren muurin rakentamisella Yhdysvaltojen ja Meksikon välille. Muuri luonnollisesti pitäisi maahanmuuttajat poissa Yhdysvalloista, koska, kuten Trump maahanmuuttajista kampanjassaan julisti: "He tuovat mukanaan huumeita. He tuovat mukanaan rikollisuutta. He ovat raiskaajia. Jotkut heistä, uskoisin, ovat hyviä ihmisiä." Mitä tulee muurin rakennuskustannuksiin, Trump julisti Meksikon maksavan koko luksuksen. Meksikossa tälle väitteelle lähinnä tirkahdeltiin.

Useat politiikan tutkijat ovat Trumpin ensimmäisen kauden jälkeen väitelleet uskooko herra presidentti itse lausuntojaan, vai ovatko ne kenties laskelmoituja ja ennalta suunniteltuja keinoja tuoda nimenomaisesti ne äänestäjät uurnille, joita politiikka ei muutoin kiinnostaisi. Kansankieliset ja yksinkertaiset lausunnot, jotka esittävät monimutkaiset asiakokonaisuudet hyvin yksipuolisessa valossa, onnistuvat riisumaan politiikasta sen jargonin, johon se usein muutoin takkuuntuu. Trump ei omaan silmääni heti vaikuta laskelmoivalta poliittiselta nerolta, joten jätän tämän teorian omaan arvoonsa.

Toisaalta, yksinkertaiset sanat ja yksinkertaiset lausahdukset tuntuvat ainakin Trumpin tapauksen perusteella saavan kansansuosion. Tässä tapauksessa tosin yksinkertaisuuden nimissä on tilanne suorastaan räjähtänyt käsiin, yksinkertaisuuden muuttuessa populistiseksi nationalismiksi ja tämän myötä suoranaiseksi valtavirtapolitiikan ylläpitämäksi rasismiksi ja fasismiksi.

Populismi ja nimenomaisesti populistinen retoriikka ei toki itsessään ole puhtaasti negatiivinen asia saati merkki huonosta puhujasta. Päinvastoin, populismi on vain keino, jota taitava puhuja osaa tarvitessaan käyttää. Se voi olla vallan loistava keino oman kannattajakunnan mielialan tai luottamuksen vahvistamiseksi sekä ideologian pönkittämiseksi. Taitava puhuja osaa valita hetket, jolloin jättää puheestaan sitä haittaavat näkökulmat käsittelemättä ja puhtaasti käyttää aikaansa kuuntelijoiden innoittamiseen.

Negatiiviseksi ja jopa vaaralliseksi populistiset puheet muuttuvat silloin, kun faktoja vääristellään tai niistä kokonaan luovutaan oman näkökulman korostamiseksi tai kansansuosion saavuttamiseksi.

Yksityisessä tilaisuudessa omille kotijoukoille suunnatut – usein lähes huutaen esitetyt – inspiroivat populistiset puheet, sekä julkisessa debatissa vastapuolen argumentteihin asiallisesti ja faktapohjaisesti vastaavat puheenvuorot ovat kummatkin täysin valideja omissa tilaisuuksissaan. Ongelmaksi tämä muuttuu puheiden välisen rajan vahingollisessa tai tahallisessa hälventymisessä. On suorastaan häpeällistä seurata näiden puhumisen ja argumentoinnin ammattilaisten karjuvan naama punaisena eduskunnan täysistunnossa tai huutavan toistensa päälle Ylen A-studiossa. Tähän syyllistyvät yksilöt ja edustajat ideologiasta ja puoluetaustasta riippumatta. Joidenkin puolueiden edustajat tosin enemmän kuin toisten.

Retoriikalla valtaan

Näitä "puhumisen ja argumentoinnin ammattilaisia" paremmin ymmärtääksemme, voisi olla parasta kääntää katseemme hetkeksi antiikin ajan Kreikkaan. Vaikka antiikin Kreikan filosofeihin viittaaminen lienee eräs stereotyyppisimpiä filosofiateoksen kliseitä, näen aiheelliseksi käydä läpi käsittelemämme ilmiön taustat. Aristoteleen retoriikkaoppi toimii edelleen oleellisena osana nyky-yhteiskuntaamme, luoden perusteet niille vakuuttavan puhumisen taidoille, joita opiskelemme tänäkin päivänä. Vaikka tulevat käsitteet kuuluvatkin keskeiseksi osaksi vaikkapa jo lukion äidinkielen tai filosofian oppeja ja täten ovat jo pitkästyttävyyteenkin asti toisteltua vaikuttamisen peruskauraa, on niiden keskeisyyden vuoksi tärkeää myös tässä yhteydessä nostaa ne esiin.

Opeissaan Aristoteles määrittelee vaikuttavan puheen kolme oleellisinta ominaisuutta: *eetos*, *logos* ja *paatos*. Näitä käyttäen ihminen saattaa vakuuttavasti argumentoida ja voittaa kuulijansa puolelleen.

Eetos koskee puhujan identiteettiä: kuka hän on, millainen on puhujan luoma ensivaikutelma ja – mikä tärkeintä – miksi minun tulisi luottaa puhujaan? Alansa asiantuntijan puheessa on todennäköisemmin vahvempi eetos, tämän pitäessä asiantuntijuutensa puitteisiin laskeutuvaa luentoa, verrattaessa kadulta samaan tehtävään noukittuun tavantallaajaan.

Logos koskee puhujan esittämää argumenttia. Onko esitetty väite looginen? Mitkä ovat sen perusteet? Millaisia ovat sen vasta-argumentit? Karkeana esimerkkinä; argumenttinsa pätevästi perusteleva ja vasta-argumentit huomioiva puhuja omaa puheessaan vahvemman logoksen kuin puhuja, jonka perusteet pelkistyvät "Koska niin vain nyt on" tai "Koska minä sanon niin" mallin väittämiin.

Viimeiseksi – tämän tekstin puitteissa mielestäni tärkein ominaisuus – paatos koskee puheen vaikutusta kuulijansa tunteisiin ja pitää sisällään puheen tietoisesti tai tahattomasti nostattamat tunnereaktiot.

Aikoinaan mukaan tarttunut sanonta: "logiikalla ja järkeilemällä voit muuttaa kuulijasi näkemyksen, mutta tunteisiin vetoamalla voit muuttaa tämän koko elämän" pitää varsin hyvin paikkansa. Lataamalla puheensa täyteen tunnetta, taitava puhuja voi kokonaisvaltaisesti inspiroida, passivoida tai aktivoida kuulijaansa tehokkaammin kuin millään muulla keinoin olisi mahdollista.

Paatokseen puheensa nojaava voi vaikkapa käyttää puheenvuoroaan yleisönsä viihdyttämiseen tai naurattamiseen, näin luoden ilmapiiristä rennomman ja vahvistaen kuulijoiden tähän kohdistuvaa luottamusta. Tämä voi koettaa puheellaan herätellä yleisön sääliä ja sympatiaa itseään sekä ajamaansa asiaa kohtaan tai hän voi esittää asiansa valossa, joka saa kuulijakunnan suorastaan vihaamaan tämän vastapuolta. Puhuja voi nostattaa pelkoa – sananmukaisesti näyttää kuulijalleen horisontissa palavan helvetin – ja samaan hengenvetoon julistaa pelastusta, jonka vain hän voi kuulijoilleen tarjota.

Hyvin kirjoitettu puhe taitavan puhujan kertomana käyttää hyväkseen jokaista näistä kolmesta elementistä. Kuitenkin oikeissa käsissä juuri paatosta voidaan kutsua tämän trion vakuuttavimmaksi elementiksi.

Tarpeetonta kai edes sanoa, miksi tämä on ongelmallista.

Puheen valtaosin, tai jopa täysin, rakentuessa yleisön tunnereaktioiden varaan, voi retorikko luoda puheestaan vakuuttavan, ilman, että sen täytyisi todellisuudessa pitää sisällään konkreettista substanssia. Pelon nostattaminen tai pelastuksen tarjoaminen ovat harvemmin itsensä logiikkaan ja faktoihin perustuvia argumentteja, samalla lailla kuin tilastot tai kaaviot harvoin tähtäävät tunnereaktion herättelyyn.

"Rahat on loppu ja valtiontalous murenee."
"Sairaalat on täynnä ja kohta kuollaan kaikki."
"Rajanaapuri on seonnu ja pelotteluun tarvittais pommeja."

Tämä on kieltä, joka tehokkaasti esittelee sinällään täysin validin ongelman, mutta tekee tämän kärjistettynä, kontekstista irrotettuna ja täysin nyanssi-vapaasti. Tällainen teksti naurettaisiin maan rakoon jokaisessa konferenssi- ja neuvottelupöydässä. Tämä on silti kieltä, joka täyttää kadut jok'ikisten vaalien alla. Juuri näin kärjistettyä puhetta toistelevat pääsevät sitä myös myöhemmin konferenssipöydässä kokeilemaan. Olemmeko todella yhteiskuntana siinä pisteessä, että pelkästään ongelmien ja epäkohtien huomaaminen lasketaan myös pätevyydeksi hoitaa niitä?

Juuri pelon käyttäminen tässä argumentin pätkässä on osaltani tietoinen päätös. Se on manipulaatiokäyttöön helpoiten valjastettava ja tätä myötä myös yleisin tavoiteltava tunne-reaktio kuulijakunnassa.

On hankala kuvitella kuivasti tuloverotusta käsittelevän puheen painuvan kuulijan mieleen, mutta puhujan vakautta uhkuva – ehkä jopa liki huutaen pidetty – puhe lähestyvästä tuhosta taatusti jää ainakin hetkellisesti kuulijansa päähän pyörimään.

En tarkoita etteikö vakaviakin asiasisältöjä ja päteviä argumentteja voitaisi esittää inhimillisesti tai tunteellisesti. Emme ole koneita emmekä täten automaattisesti iloiten vastaanota jokaista meille mekaanisesti syötettyä faktaa, vaan tartumme ennemmin mukaansa tempaaviin palopuheisiin.

Pikemminkin haluan meidän huomioivan näiden tunteiden varaan itsensä rakentavien puheiden valta-aseman keskustelukulttuurissamme. Tämä on alati kasvavissa mittasuhteissaan rakenteellinen ongelma yhteiskuntajärjestelmässämme.

Politiikkaa harjoittavan täytyy valtaosassa päätäntäelimissämme tulla vaaleilla valituksi asemaansa. Tämä vaatii kampanjointia, kauniita palopuheita ja kokonaisvaltaista itsensä myymistä. "Miksi sinun tulisi valita juuri minut, satojen tai tuhansien muiden joukosta?" Päättäjän asemaan pyrkivän täytyy paitsi esiintyä pätevänä tietojensa ja taitojensa näkökulmasta, mutta myös osata välittää potentiaalisille äänestäjilleen kuva näistä taidoistaan.

Suomessa pääosin käytössä oleva edustuksellisen demokratian malli on parhain tämänhetkisistä vaihtoehdoistamme. Se antaa jokaiselle suoran mahdollisuuden vaikuttaa maansa päätöksiin äänestämällä päättäjistään niiden vaalipuheiden perusteella, joihin itse uskoo ja joita pitää luotettavina. Mallissa on vain se paha vika, että ihmiset eivät ole täydellisiä. Päättäjien pöytään saattavat jopa vahingossa päästä istumaan pätevimmät ehdokkaat, mutta tämän mallimme ansiosta sen ääreltä usein löytyvät vain parhaiten politiikkaa puhuvat.

LUKU 2 – MAALLIKON MURHEET

Vaikuttamisen kynnyksellä

Vaatii varmaankin jonkinlaista hulluutta päättää todella halu-
avansa harjoittaa politiikkaa, sen kaikkien kieroilujen, juonit-
teluiden ja paikoin suoranaisten vääryyksien keskellä. Haluta
laittaa itsensä, oman maineensa ja omat ajatuksensa likoon
jonkin sellaisen edestä, joka saattaisi loppujen lopuksi vain
hajota käsiin tai kääntyä harjoittajaansa vastaan.

Ihminen saattaa olla – usein onkin – varsin idealistinen.
Useimmat meistä omaamme mielipiteitä itseämme suurem-
mista kokonaisuuksista ja me kaikki seuraamme omaa moraa-
lista kompassiamme, aina arkipäivän teoista koko elämän-
kulkuun vaikuttaviin päätöksiin asti. Kuitenkin ihmisen kyky
kertoa mielipiteensä politiikan kontekstissa tai kyky muovata
mielipiteistään poliittinen kannanotto ovat useimmille valta-
vien harppausten päässä heidän tämänhetkisistä kyvyistään
tai itseluottamuksen tasostaan.

Omien mielipiteidensä kertominen, erityisesti poliittisena
kannanottona, asettaa kertojansa aina haavoittuvaan asemaan.

Kertoja piirtää otsaansa maalitaulun kaikille niille, jotka saattavat olla asiasta hänen kanssaan eri mieltä, sekä täten saattavat hyökätä paitsi hänen mielipidettään myös hänen persoonaansa kohtaan.

Erinäiset politiikan taidot – etenkin mielipiteidensä muotoilu poliittisiksi kannanotoiksi sekä näiden muille välittäminen – kehittyvät useimpien taitojen tapaan vain niitä käytettäessä. Politiikan harjoittamisessa tämä tarkoittaa juuri tämän ensimmäisen kannanoton edessä nousevan kynnyksen kasvua entistä korkeammaksi. Nyt politiikkaa harjoittamaan haikailevan tai mielipidettään ensimmäistä kertaa julkisesti ilmaisevan ihmisen tulee paitsi asettaa itsensä alttiiksi kritiikille ja jopa solvauksille, myös tehdä se käytännössä ilman mahdollisuutta hioa taitojaan etukäteen oman turvallisuuden tuntonsa rajoissa.

Tietenkin tätä logiikkaa voidaan tiettyyn pisteeseen asti soveltaa myös muihin urapolkuihin tai harrastuksiin. Ensimmäistä kertaa yleisön edessä esiintyvä muusikko saattaa soittotaidoistaan riippumatta saada lavalle astuessaan valtavan, esiintymisen estävän, ramppikuumeen. Samoin satapäisen yleisön eteen ensimmäistä kertaa luistelevan jääkiekkoilijan peli saattaa yleisön luoman suunnattoman paineen vuoksi kärsiä valtaisasti. Toki näissä esimerkeissä me puhumme toiminnoista, joita niin muusikko sekä jääkiekkoilija ovat kyenneet harjoitella etukäteen. Musisointia tai pelaamista päätoimisesti juuri harjoitellaankin yksin tai pienen harrastepiirin kesken.

Poliittisen toiminnan koostuessa juuri vuorovaikuttamisesta ja sosiaalisesta toiminnasta, sen ydintoimintaa on suhteellisen mahdotonta "harjoitella" samankaltaisesti yksin, siinä missä edellisten esimerkkien kaltaista esiintymiseen johtavaa toimintaa on. Tietenkin poliittiseen toimintaan pyrkivä tai sitä harkitseva voi keskustella näkemyksistään, ideaaleistaan ja mielipiteistään samalla lailla suhteellisen turvallisessa ympäristössä vaikkapa perheensä tai ystäviensä seurassa, mutta tällöin tämä harvemmin kohtaa ajatuksilleen vastarintaa tai ainakaan valtaisan jyrkkää sellaista.

Sosiaaliset kuplamme muodostuvat usein varsin tiiviiksi yhteisöiksi. Puhtaan anekdoottisesti voin todeta huomanneeni, että valtaosassa ystävyyssuhteistani, vaikka emme olisi koskaan jutelleetkaan mistään poliittisesti tai ideologisesti relevantista, näistä ensikertaa keskustellessamme, ajatusmaailmamme ovat paljastuneet hyvin samankaltaisiksi. Tämä kokemus ei rajoitu vain omaan elämääni vaan useiden aihetta tutkineiden kartoitusten pohjalta voidaan nähdä saman elämänkatsomusten, ideologioiden ja arvojen omaavien ihmisten kanavoituvan toistensa seuraan riippumatta siitä, etsivätkö he nimenomaisesti kaltaistaan seuraa. Pähkinänkuoressa ja rautalangasta väännettynä; ihmiset pitävät kaltaistensa seurasta ja tämän vuoksi heidän lähipiirinsä usein koostuu saman suuntaisesti ajattelevista.

Poliittisen vaikuttamisen näkökulmasta tämä luo haasteita ja nostaa oman kuplan ulkopuolisen vaikuttamisen kynnystä. Ajatukset jotka ovat saaneet pelkkää tukea oman piirin sisällä nostavat vahvaa vastarintaa toisaalla ja argumentit joita puhuja piti täysin vedenpitävinä, vuotavatkin kuin seula, koska niitä ei ole ollut tarvetta hioa. Saivathan puhujan ajatukset ja argumentit pelkkiä kehuja ja kunniaa, kun ne omalle kotiväelle kertoi.

Viimeinen nähdäkseni maininnan arvoinen ero poliittisen toiminnan sosiaalisessa elementissä – verrattuna vaikkapa juuri musiikin tai jääkiekon harjoittamiseen – syntyy sen harjoitusmahdollisuuksista toimijan ylitettyä ensimmäisen kynnyksensä. Soittaja voi edelleen soittaa, säveltää ja vaikkapa levyttää astumatta enää koskaan yleisön eteen. Pelaajan harjoituksissa kehittämät taidot voivat nostaa tämän legendaan yleisön paineesta huolimatta. Taito riittää kantamaan uralla, riippumatta soittajan tai pelaajan suhteesta liveyleisöönsä. Poliitikon menestys puolestaan rakentuu täysin sosiaalisten elementtien ja tämän kohtaamien vuorovaikutustilanteiden varaan.

Epävarma ja hermostunut poliittinen vaikuttaja ei ajatuksistaan ja arvoistaan riippumatta kerrytä luottamusta samalla lailla kuten esiintymisen konkari. Vaaliehdokas ei saa lisäpisteitä tärisevin käsin ja väräjävällä äänellä pidetystä puheesta.

Politiikka vaatii jo luonteensa puolesta harjoittajaltaan keskustelu- ja argumentaatiotaitoja, yhteistyö- ja kompromissivalmiutta, sekä kykeneväisyyttä kritiikkiin. Nämä ovat piirteitä joita ihminen pääsee harjoittelemaan vasta kun on jo näytön paikka. Erityisen näkyvää tämä on ehdokkaan pyrkiessä johonkin demokratiamme mainioon edustusasemaan. Olipa politiikkaan pyrkivän kiikarissa sitten alue-tai kunnanvaltuutetun asema, kansanedustajan pesti, ministerin salkku tai mäntyniemen herruus, alkaa tämän polun tallaaminen juuri maalitauluksi itsensä asettamisesta.

Mitä sitten on tehtävissä näinkin laajamittaisen ongelman ratkaisemiseksi? Kuinka kannustaa politiikkaan pyrkiviä paitsi tuomaan esille omat mielipiteensä, myös tukea heitä kehittämään vaikuttamisen taitojaan? Kuinka luoda orastaville vaikuttajille turvallinen ympäristö taitojensa hiomista varten?

Eräänä kaksipiippuisena vaihtoehtona näen sosiaalisen median. Erityisesti vuoden 2023 eduskuntavaalien yhteydessä uskon monien kotimaisten tahojen vihdoin heränneen sosiaalisen median mahdollisuuksiin myös vakavasti otettavana viestintä- ja kampanjointialustana.

TikTok-somepalvelussa noin 100 000-päisen katsojakunnan kerännyt, Terapeutti-Ville nimimerkillä tunnettu, Ville Merinen nousi yli kuuden tuhannen äänen voimin sosialidemokraattisen puolueen kansanedustajaksi vain hieman yli kahden tuhannen euron budjetilla. Vertailukohtana mainittakoon että eduskuntavaaleissa valittujen ehdokkaiden vaalirahoitukset yleisesti ottaen pyörivät useiden kymmenien tuhansien eurojen luokissa.

Vielä hämmästyttävämmän suorituksen sosiaalisen median hyödyntämisessä teki perussuomalaisten kansanedustaja Sebastian Tynkkynen, joka keräsi yli 17 000-ääntä pyöreällä nollan euron budjetilla, myös tehokkaasti utilisoimalla sosiaalisen median kanaviaan. Toki kaiken reiluuden nimissä mainittakoon, että Tynkkynen oli toiminut ennen näitä vaaleja sekä kansanedustajana että perussuomalaisen puolueen varapuheenjohtajana, ja oli siten jo varsin tuttu kasvo sekä politiikan piireissä että mediassa.

Tällaiset suoritukset ovat olleet käytännössä ennenkuulumattomia Suomen politiikassa. Klassinen kuva poliittisesta kampanjoinnista edelleen lienee kahvin ja pullan jako turuilla ja toreilla, flaikkujen ja esitteiden lähes pakonomainen tyrkyttäminen jokaiselle vastaantulijalle tai järjettömien rahasummien tunkeminen jok'ikiseen paikalliseen mainosfirmaan, jotta oman pärstän ja vaalilausahduksen saa jokaiseen ostettavissa olevaan mainosspottiin. Kuitenkin sosiaalisen median hyväksikäyttö vaaleissa on näiden hämmästyttävien tulosten nojalla lujittanut itsensä oleelliseksi osaksi modernia kampanjatyötä.

Tämä on moninaisista syistä erittäin positiivinen uutinen. Mahdollisuus liki ilmaiseen tai pieni-budjettiseen, sosiaalisen median välityksellä toimivaan, kampanjaan paitsi mahdollistaa useampien toimijoiden politiikan harjoittamisen, näin pienentäen politiikan kentällä esiintyvää varallisuuseroista johtuvaa eriarvoisuutta, myös luo toimijoilleen mahdollisuuden turvallisempaan toimintaympäristöön heidän alkutaipaleellaan politiikassa.

Sosiaalisen median kautta toimiessaan, kuka tahansa voi jakaa mielipiteitään ja näkemyksiään oman kotinsa tai muun vaarattoman ympäristön turvin. He voivat toimia omilla kasvoillaan tai anonyyminä, puhua vakavasti tai humoristisesti yhteiskuntamme epäkohdista, tai vaikkapa pyrkiä puheillaan ja teksteillään provosoimaan muita toimintaan. Tämän viimeisen vaikutuskeinon produktiivisuudesta voidaan toki väitellä maailman tappiin asti, mutta mielipidevaikuttamiseen näkökulmasta nettihuutelulla ja tarkoituksellisella provokaatiolla lienee oma paikkansa tässä kulttuurissa. Älkäämme kuitenkaan rinnastako kaikkia sosiaalisessa mediassa mielipiteensä jakavia puhtaasti ärsyttämisen ja reaktionhakuisuuden vuoksi siellä toimiviin.

Poliittinen toimija tai somevaikuttaja voi halutessaan jopa poistaa muutoin vaikutustoiminnassa esiintyvän kynnyksen kokonaan. Oman henkilön voi anonyymisyyden turvin irroittaa jakamistaan mielipiteistä sekä mahdollisen vuorovaikutuksen voi halutessaan täysin estää esimerkiksi poistamalla käytöstä julkaisunsa kommentoimisen. Näillä keinoin myös politiikan harjoittamisesta usein syntyvät lannistavat tekijät voidaan karsia pois, kannustaen näin uutta toimijaa vaikuttamisen alkutaipaleellaan.

Toki nämä ovat vain sosiaalisen median käyttäjän työkaluja ja näin ollen niiden käyttäjä määrittelee, mihin tarkoitukseen ja millä motiiveilla niitä käyttää. Siinä missä esimerkiksi juuri anonyymisyyttä ja yksipuolista vuorovaikutusta voidaan käyttää rohkaisemaan mielipidevaikuttamisen ensikertalaisia, voidaan näillä keinoin myös poistaa vastuunkanto. Anonyymi vaikuttaminen tarjoaa mahdollisesti rajattomimman muodon sananvapaudesta, koska tämä juuri poistaa yhtälöstään sananvapauden kääntöpuolen: vastuun. Vaikka sananvapautta voidaan pitää eräänä läntisen yhteiskunnan ja erityisesti pohjoismaisen yhteiskunnan keskeisimmistä arvoista, kuuluu siihen sitovasti myös yksilön velvollisuus kantaa vastuu sanoistaan.

Itse omaan hyvinkin radikaalin näkemyksen, että hypoteettisesti jos vaikkapa valtakunnan tasolla merkittävä poliittinen toimija – uskonnollisen vakaumuksen taakse verhoutuessaan – asettaisi jonkin ihmisryhmän toista alempaan asemaan tai toinen toimija korostaisi valmiuttaan ruumiiden tuottamiseen lähijunassa, tulisi näiden toimijoiden myös kantaa vastuu sanoistaan ja esittämistään näkemyksistä.

Poliittinen toiminta ja mielipidevaikuttaminen tuovat mukanaan aina vastuun, koska juuri poliitikot ja ideologiset johtajat – erityisesti näkyvissä asemissa olevat toimijat – luovat pohjan sille, mikä on hyväksyttävää toimintaa. Laajemmin mielipiteisiin vaikuttaessaan, vaikuttajan tulee myös ottaa huomioon se yksinkertainen mahdollisuus, että häntä saatetaan myös kuunnella ja hänen esimerkkiään seurata. Näin ollen esimerkiksi jonkin kansanryhmän henkilökohtainen väheksyminen, sen leimaaminen tai negatiivisten stereotypioiden levittäminen voi myös konkreettisesti johtaa kyseisen ryhmän aseman todelliseen heikentymiseen. Sanat ja mielipiteet eivät elä tyhjiössä, vaan niillä on aina mahdollisuus johtaa tekoihin.

Algoritmin valta

Sosiaalisen median käyttö politiikan toiminta-alustana on tehokkaasti nostanut esiin sen epäkohtia. Somepalvelujen takana olevat valtaisat yritykset eivät suinkaan tarjoa palvelujaan hyvää hyvyyttään tai jonkinlaisena hyväntekeväisyytenä, vaan motivaationa luonnollisesti esiintyy tuottojen kerryttäminen. Vaikka valtaosa sosiaalisen median palveluista ja alustoista ovatkin ilmaisia käyttäjälleen, tekevät ne tuottoa myymällä mainostilaa sivustoiltaan, jotka puolestaan kerryttävät yrityksille enemmän tuottoa, mitä enemmän somepalvelujen käyttäjä mainoksia näkee. Tämän myötä somepalveluja tarjoavat yritykset ovat sitä kannattavampia, mitä kauemmin käyttäjä pysyy heidän sivuillaan ja näkee mainoksia.

Mainosten kulutuksen maksimoimiseksi käytännössä katsoen kaikki some-alustat käyttävät hyväkseen ohjelmistoja, jotka pyrkivät pitämään palvelun käyttäjän aktiivisena mahdollisimman pitkään. Nämä algoritmit yleisesti saavuttavat tämän tavoitteensa tarkastelemalla, millaista sisältöä käyttäjä on milloinkin selannut ja syöttävät käyttäjälle tulevaisuudessa samankaltaista sisältöä kuin se, minkä parissa käyttäjä on aiemminkin käyttänyt eniten aikaa.

Mutta tämähän on vallan loistavaa. Saat kuluttajana eteesi juuri sellaista sisältöä, mihin olet aiemminkin käyttänyt aikaa, eli mistä todennäköisesti myös pidät.. Emme tarvitse tohtorin papereita tai asiaan perehtyvää pitkällistä tutkimusta huomataksemme kuinka tämä johtopäätös ja toimintaperiaate ovat virheellisiä. Ajan käyttäminen – vaikkakin täysin vapaaehtoisesti – minkä tahansa asian parissa ei automaattisesti tarkoita kuluttajan suoranaisesti pitävän kuluttamastaan sisällöstä. Syy sivulla tai yksittäisen julkaisun kohdalla käytettyyn aikaan voi syntyä närkästyksestä, ärtymyksestä, huolesta, vihasta, ymmärtämättömyydestä, tai mistä tahansa tuhansista muista syistä. Vielä enemmän tilanteeseen vaikuttavat erinäiset reagoinnit tai vaikkapa kommentointi, jotka, sisällöstään riippumatta, algoritmi tulkitsee aina positiivisina tekijöinä.

On täysin ymmärrettävää, että sosiaalisen median käyttäjä haluaa kertoa argumentissa oman kantansa, korjata viihdesivustolla esiintyvän virheellisen uutisoinnin tai vaikkapa muistuttaa salaliittoteoreetikolle maapallon olevan pyöreä. Näiden kommenttien ja interaktioiden jälkeen käyttäjä kuitenkin tulee todennäköisesti näkemään sivullaan entistä enemmän näkökantojaan vastustavia argumentteja, virheellistä uutisointia sekä salaliittoteorioita.

Laajalti sosiaalisessa mediassa hyväksikäytetty "erhe" algoritmien toimintatavassa kannustaakin käyttäjiään luomaan mahdollisimman polarisoivaa, konfrontoivaa ja vastakkainasetteluun yllyttävää sisältöä. Tosin tämän "erhe"-sanan käyttö lienee virheellistä allekirjoittaneen osalta. Toimiihan algoritmi täysin suunnitellusti pitäessään palvelun kuluttajan huomion kiinnitettynä näkemäänsä sisältöön mahdollisimman pitkään.

Lienee esimerkiksi poliittisella kentällä mahdotonta luoda kaikkia miellyttävää kannanottoa päivän polttavaan kysymykseen, mutta tietoisesti provosoivan mielipiteen suoltaminen onnistunee valtaosalta. Poliittiseksi menestykseksi muokattavaa huomiota saadaan helpommin provosoimalla kuin argumentoimalla, joten miksi kukaan jaksaisi tuhlata energiaansa jälkeiseen.

Olisi varsin mukavaa vain todeta tämän ongelman rajoittuvan vain provosoiviin videoihin tai julkisen pilkan kohteeksi päätyviin salaliittoteorikkoihin, mutta ikävä kyllä emme ole niin onnekkaita.

Tämä käyttäjänsä huomion maksimointiin pyrkivä järjestelmä muuttuu ongelmalliseksi, paitsi kannustaessaan ja palkitessaan vastakkainasetteluun pohjautuvan keskustelukulttuurin, myös mahdollistaessaan mis- ja disinformaation levityksen ja täten luoden myös näistä otollisia vaikutuskeinoja.

Liittäessämme tähän sotkuun vielä sosiaalisen median käyttäjien paikoittain hyvinkin puutteellisen medialukutaidon, käsillämme on jo röykkiö yhteiskuntaan ja sen toimintoihin epävakautta luovia tekijöitä.

Sosiaalisen median toimintaperiaatteiden, algoritmien sekä normien, luoma viidakko muodostaa ympäristön, jossa vaikuttaminen on toisaalta entistä tehokkaampaa ja yksinkertaisempaa, mutta myös harhaanjohtavaa ja mielipiteet kärjistävää. Siinä missä mielipiteensä tuominen muiden eteen sekä massojen kerryttäminen oman aatteensa taakse ovat nyt jokaisen ulottuvilla paremmin kuin koskaan ennen, niin myös on vahingossa tai tarkoituksellisesti harhaanjohtavan tiedon levittäminen entistäkin helpompaa.

Voiko demokratian kannalta toisaalta olla upeampaa järjestelmää kuin sellainen, joka antaa aivan jokaiselle käytännössä yhtäläiset mahdollisuudet mielipidevaikuttamiseen? Voiko siten olla suurempaa vääryyttä demokratiaa kohtaan, kuin kääntää tämä järjestelmä vilpillisellä toiminnalla palvelemaan vain käyttäjän omia tarkoitusperiä?

Poliitikon ainekset

Vaikka sosiaalinen media toimiikin loistavana ponnahduslautana monille politiikkaan pyrkiville, usein näistä ensikertalaisista parrasvaloihin nousevat vain harvat ja valitut. Yleisesti näin tapahtuu nimenomaan toimijoille, jotka ovat jo keränneet ympärilleen seuraajakuntaa, vaikka nämä seuraajat olisivat kertyneet täysin politiikasta irroitettujen seikkojen vuoksi.

Lukemattomat menestyneet urheilijat, muusikot, liikemiehet, näyttelijät ja muut julkimot ovat aikojen saatossa saaneet mitä kummallisimpia päähänpistoja, joista osa onkin ohjannut nämä politiikan jalolle saralle. Suomalaisten joukosta voisimme luetella kansanedustajiksi nousseita nykyisiä tai exjulkimoja luultavasti kaikkialta Lasse Virénin ja Remontti-Reiskan väliltä.

Onko kuitenkin parrasvaloissa jo aikaa viettäneen jollain tavoin haasteellisempaa toimia politiikassa? Onko tällaisessa asemassa toimivalla enemmän hankaluuksia kantaa vastuunsa ja menneisyytensä? Onhan hänen sanoistaan ja teoistaan todennäköisesti uutisoitu jo kauan ennen kuin tämä otti harteilleen yhteiskunnallisen vastuunkannon äänestäjiensä suomalla äänimandaatilla.

Harva – tai ainakin harvempi – arvostelee pöytään myöhäisillasta sammahtanutta rock-laulajaa tai tv-tähteä, mutta arvostelua alkaa nopeasti löytymään, jos tämä muun taustansa lisäksi on vaaleilla valittu parlamentaarikko. Onko tällainen suhtautuminen puolestaan hyvä vai huono asia? Jos mainehaitta kasvaa henkilötasolla liian suureksi, tulisiko laajalti tunnetun tuomittavan teon tehneen edes pyrkiä vaikuttamaan poliittisella kentällä?

Tilannetta havainnollistavaksi esimerkiksi yhteiskunnan suhtautumisesta ja reaktioista poliitikkojen taustoihin mainittakoon Pirkka-Pekka Peteliuksen nousu vihreiden puolueen kansanedustajaksi. Kun Peteliuksen kansanedustajakautta oli kerennyt kulua reilut puoli vuotta, tämä näki parhaaksi esittää julkisen anteeksipyynnön saamelaisyhteisöille, jossa pahoitteli 30 vuoden takaisia sketsejään näyttelijän uransa ajalta. Toki erinäiset sketsit saattavat stereotypioiden ja pilkan kohteeksi jääneiden ihmisryhmien, eli tässä tapauksessa saamelaisvähemmistöjen silmissä, näyttäytyä karkeina ja loukkaavina. En tästä heitä tietenkään syyllistä.

Tämän kaiken ylittäessä valtakunnallisen uutiskynnyksen, huomasin kummaksuvani koko prosessia suuresti. Kansanedustajana tekemiensä toimien ja itselleen tärkeiksi korostamiensa arvojen pohjalta, en koskaan kuvitellutkaan Peteliuksen tehneen sketsejään pahantahtoisesti tai pilkatakseen, vaan kuten tämä itsekkin pahoittelussaan toteaa, ne oli tarkoitettu "parodioimaan valtaväestön ennakkoluuloja". Miksi siis hyväntahtoinen parodiointi muuttuu pahoittelua ja anteeksipyyntöä tarvitsevaksi loukkaukseksi?

Laajalti levinnyt teoria ehdottaa anteeksipyynnön olleen vain vastaus poliisille tehtyyn tutkintapyyntöön, joka olisi nimenomaisesti kohdistunut näiden sarjojen aiheuttamaan haittaan, tutkinnan rikosnimikkeenä ollen kiihottaminen kansanryhmää vastaan.

Onko kuitenkin tällaisen teon tai teoksen sisältö juuri se oleellisin seikka, jota meidän tulee sitä tarkastellessamme arvostella, vai tulisiko painoarvoa antaa pikemminkin teko-hetkellä vaikuttaneille motiiveille? Jos jokaisen julkaistun teoksen tulee olla relevantti, ketään loukkaamaton ja kaikkia miellyttävä riippumatta siitä, milloin teosta tarkastellaan, en usko tällaista teosta voitavan tehdä. Termi "aikansa tuotos" saisi omata suuremman painoarvon, erityisesti viihde-sisällöksi tuotettua sisältöä tarkastellessamme. Arvostelun pohjana tulee toimia arvostelun kohteen motiivi teon aikana, sekä yhteiskunnallisten normien muutos.

Toki "aikansa tuotos"-argumenttia voidaan myös jatkaa viihdesisällön ulkopuolelle. Esimerkiksi orjuuden hyväksyttä-vyys, monarkia hallintorakenteena tai vaikkapa uskontojen synty ja asema, ovat ainaisia tämän argumentin kohteita, ja vaikka ne myös olisivat varsin mielekkäitä tarkastelun koh-teita, lienee minun parasta jättää nämä kokonaisuudet myös kyseisiä kenttiä paremmin tunteville.

Mitkä loppujen lopuksi ovat ne mittarit, joiden pohjalta arvioimme erinäisten ehdokkaiden soveltuvuuden milloin mihinkin pestiin? Jos unohdamme retoriset keinot sekä ehdokkaan omat vakuuttelut pätevyydestään, mitkä seikat tämän karakteerista saavat meidät vakuuttumaan tämän soveltuvuudesta kyseiseen pestiin?

Kuinka suuren painoarvon annamme vaikkapa ehdokkaan menneisyydelle? Ehdokkaan aiemmin elämässään tekemät teot heijastelevat toisaalta niin tämän luonnetta, päätöksentekotaitoja, että myös arvomaailmaa. Kunniallisiksi ja arvostetuiksi lukemiemme tekojen täytteinen menneisyys tulee mitä luultavammin toimimaan puhtaasti positiivisena tekijänä ehdokkaan kampanjassa, kun taas häpeälliset ja moraalikäsityksemme vastaiset teot toimivat usein negatiivisesti. Vapaa-aikansa vapaaehtois- tai hyväntekeväisyystyön parissa viettävä saa pisteen siinä, missä paikallinen pubiöykkäri jää tietenkin ilman. Muiden eduksi toimivaa pidetään arvossa ja haitaksi oleva jätetään omaan arvoonsa.

Näinhän tämän kuuluisikin mennä, eikö vain? Hyvät teot – ainakin teoriassa – palkitaan ja huonoja ei.

Päteekö tällainen menneisyyden käsittely täten myös suoranaisiin rikoksiin?

Useimmat suomalaiset asettavat oikeusvaltionperiaatteemme ja sen kanssa käsi kädessä kulkevan tekojen hyvittämisen mahdollisuuden suureen arvoon. Ajatus siitä, että oikeusjärjestelmämme läpi kuljettuaan henkilö on hyvittänyt tekemänsä vääryydet ja saa täten uuden alun kuuluu myös oman arvomaailmani peruspilareihin.

Kuitenkin rikollinen maine seuraa tuomittua vielä pitkään. Vankilasta arkeen palannut, paperien mukaan jo kuntoutunut kansalainen, kohtaa ongelmia työ- ja asuntomarkkinoilla ja jopa sakkorangaistuksilla "selvinneeltä" saattaa sulkeutua monen työpaikan ovet. Asetammeko siis todella kuntoutuksen tai uuden alun konsepteille lähellekään niin paljon painoarvoa, kuin mitä haluamme kuvitella ja itsellemme vakuutella? Voiko tuomittu huumeiden kasvattaja, rattijuoppo tai vaikka murhamies saavuttaa silmissämme yhtäläisen arvon, kenen tahansa "tavantallaajan" kanssa?

Laajamittaista epävarmuutta luonee pelko siitä, voiko tällaiseen tuomittuun tai tämän arvostelukykyyn enää todella luottaa, tämän jo tehtyä jotain rangaistavaa. Jos eduskuntavaaliehdokas on vaikkapa todella päättänyt astua rattiin päihtyneenä, tuleeko tämä valituksi tultuaan käyttämään yhtäläistä harkintakykyä myös virkatehtävissään?

Kuten useimpien päätöksien suhteen, jokaista valintaamme tulisi resurssiemme puitteissa tarkastella yksilöidysti. Pohtiessamme kenen tahansa menneisyyttä, mukaan lukien myös omaamme, en usko kykenevämme nostamaan esiin vain yksittäisiä oikeita tai vääriä tekoja, jotka sellaisinaan määrittelisivät koko henkilöhahmomme. Tietenkin menneillä hetkillä ja tehdyillä teoilla on suuri vaikutus henkilön nykyhetkeen ja tämän arvoihin, mutta niiden ei tule koskaan olla ainoa kriteeri tätä arvosteltaessa.

Kuinka suuressa arvossa puolestaan pidämme ehdokkaan omaamia poliittisia taitoja, tämän ammattiosaamista tai urataustaa? Taidot niin politiikan kentältä kuin sen ulkopuolelta luovat pohjan sille osaamiselle, mitä ehdokkaan toivotaan myös valittuaan harjoittavan. Poliittisessa toiminnassa valmiiksi harjaantunut osaa tarttua toimeen ilman pitkää opiskelu- tai perehdytysjaksoa työn alkaessa ja täten omaa eräänlaisen etulyöntiaseman noviiseihin verrattuna. Selkeimmin tämä lienee ilmenevän kuntapolitiikassa, jossa usein valtuustokauden alussa kovimmassa äänessä toimenpiteitä ajavat jo edellisiltä kausilta tutut kasvot. Vaikka vasta-alkajatkin usein omaavat vahvoja ideologisia näkemyksiä ja voimakkaan tahdon päästä niitä soveltamaan, vaatii tietenkin kaikki aina jargonin opettelusta toimintakäytäntöihin tottumiseen oman aikansa.

Suoranaisen politiikan kokemuksen ja taitojen ulkopuolella, ehdokkaan ammattiosaaminen ja uratausta antavat tälle laajan tietämyksen juuri oman alansa epäkohdista ja kehitystarpeista. Erityisesti ammattiyhdistystaustasta nousevien on helppoa profiloitua oman alansa etuja ajavaksi ehdokkaaksi. Tämä luo usein ehdokkaalle paitsi vahvan äänestäjäkunnan, mutta myös antaa vaikuttaja-asemaan pyrkivälle eräänlaisen tukiverkoston ja selkeän vaikutussuunnan.

Useilla politiikan vasta-alkajilla saattaa olla vahva halu vaikuttaa toiminnallaan sekä halu päästä toteuttamaan arvojaan, mutta monilta puuttuvat konkreettiset suunnitelmat tai he eivät yksinkertaisesti tiedä, mistä aloittaa. Näissä tapauksissa tukeutuminen esimerkiksi oman ammattikunnan toimiin ja heidän asemansa kehittämisen asettaminen myös omaksi tavoitteekseen saattaa tuntua hyvinkin luontevalta sekä turvalliselta suunnalta.

Myös työssäkäyvä äänestäjä voi tuntea olonsa turvalliseksi äänestäessään ehdokasta, jonka tietää myös tuntevan oman ammattinsa varjopuolet ja epäkohdat. Esimerkiksi terveysalan ammattilaisen äänestäessä sairaanhoitajaa ja tämän sairaanhoitajan tultua valituksi pestiinsä, äänestäjä voi elää turvallisin mielin tietäen, että hänen ammattikuntansa oikeuksia puolustetaan. Olisihan se nyt aikamoinen šokki, jos tällaisessa hypoteettisessa tilanteessa, vaikkapa sairaanhoitajien työtaisteluaseman heikentämisestä äänestettäessä, sairaanhoitajataustainen kansanedustaja päättäisikin henkilökohtaisten asuntokauppojensa olevan ammattitovereidensa edunvalvontaa tärkeämpää.

Tietenkään tiettyyn ammattikuntaan tai mihin tahansa ihmisryhmään kuuluminen ei millään tavoin automaattisesti velvoita kyseisen ryhmän etujen ajamista. Yrittäjä voi täysin vapaasti ajaa korkeampaa tuloveroastetta ja opiskelija yliopistojen rahoituksen leikkaamista. Jos ehdokas kuitenkin päättää ehdolle asettuessaan tarkoituksellisesti profiloida itsensä osaksi jotain ryhmää, luo tämä myös olettamuksen itsestään tämän ryhmän etujen ajajana. Tällainen toiminta voidaan rinnastaa mihin tahansa muuhun vaalilupaukseen.

Ehdokkaan menneisyys ja ammattitausta antavat oleellista osviittaa tämän henkilöhahmosta, mutta keskeisimpänä ja ilmeisimpänä arvostelumittarina tulee aina toimia tämän omaamat arvot. Poliittiset arvot muodostavat ytimen sille, millainen poliittinen toimija ehdokas on ja toivoo olevansa. Minkä periaatteiden mukaan ehdokas toimii, seuraako hän jotain tiettyä ideologiaa ja mitkä ovat hänen päämääränsä. Voitaisiin kai jopa hieman paisutellusti kysyä, millainen olisi ehdokkaan utopistinen maailmankuva.

Arvokeskusteluja käydessämme ja ehdokkaan arvoja puntaroidessamme, lähestymämme kysymykset ja keskustelut ovat valtaisia aihekokonaisuuksia. Jokainen taatusti omaa edes jonkinlaisen moraalisen kompassin, joka ohjaa heidän päivittäistä elämäänsä, mutta sen mukaan toimiminen ja tämän toiminnan sanoittaminen tai määrittely ovat vaikeudeltaan aivan eri luokissa.

Tietenkin erinäiset periaatteet tai ideologiset kokonaisuudet voivat helpottaa ehdokkaan profiloitumista ja puolestaan äänestäjän näkökulmasta tämän rajaamista. Onko tarkasteltava ehdokas vaikkapa jonkin tietyn puolueen jäsen tai seuraako hän myös esimerkiksi jonkin uskonnon oppeja?

Sivuhuomautuksena; Tarkoitukseni ei ole rinnastaa puolueidologioita uskontoihin, taikka periaateohjelmia pyhiin teksteihin. Se tosin taitaa pitää kummankin kohdalla paikkansa, että jäsenillä näyttäisi olevan suhteellisen vapaat kädet valita, mitä kohtia mistäkin tekstistä milloinkin seuraa.

Myönnettävästi, olemme eksyneet parille sivupolulle, joilta voisimme pikkuhiljaa aloittaa harhailumme takaisin sivilisaation pariin.

Voimme spekuloida erinäisiä arviointimetodeja sekä vaikutusmahdollisuuksia jonkinlaiseen teoreettiseen maailmantappiin ja vielä hieman ylikin, mutta se ei tule poistamaan ensikertalaisen vaikutuspolullaan kohtaamaa kynnystä; valtaisaa epävarmuutta ja epätietoisuutta, joka yksinkertaisesti toimii monelle ylitsepääsemättömänä esteenä poliittiselle toiminnalle. On suuri vääryys, että joukossamme on toimijoita, jotka eivät tällaisten esteiden vuoksi kykene antamaan älyllistä panostaan toiminnalle, joka kuitenkin niin kipeästi tarvitsee uusia ajatuksia ja aktiiveja.

Ehkä eräänä oljenkortena poliittisessa vaikuttamisessa voimme pitää sitä mahdollisuutta, etteivät monet välttämättä ajattele samalla lailla kuten allekirjoittanut. Useat osaavat kertoa mielipiteensä suoraan sekä idealistisesti, mutta myös suhtautua terveellä tavalla saamaansa palautteeseen, saivatpa he sen missä muodossa tahansa. Toki rakentavat keskustelut ovat enemmän mieleeni kuin humalaisten haukut kaikesta kommarin ja natsin väliltä. Tähän mennessä keräämistäni titteleistä "suomettunut stallarin perse" lienee suosikkini.

Puhujan itsevarmuus ja itseluottamus mielipiteensä ilmaistessa ovat usein eduksi, kunnes eivät olekaan. Tällä nollalauseella tarkoitan, että on suorastaan kiehtovaa kuulla taitavan ja asiansa tuntevan puhujan haastavan kuulijoitaan itsevarmoin ottein, mutta on yhtä lailla kivuliasta kuulla toisen puhujan absoluuttista itseluottamusta huokuvaa argumentaatiovirheiden tai disinformaation täytteistä saarnaa.

Niin mielipiteiden, itsevarmuuden kuin puhumisen taitojenkin kohdalla voidaan kaiketi puhua eräänlaisesta jalostamisen tarpeesta. Erityisesti ihmisen ensimmäisen kerran tullessa näkemystensä kanssa julki.

Kuten jo muutama sivu sitten ehdin harmittelemaan, tämä "jalostus" voi näinkin sosiaalisen asian kuten politiikan piirissä nähdäkseni tapahtua vain sosiaalisessa ympäristössä, jolloin ihmisen on pakko kokemattomana tuoda esiin eräänlainen raaka minänsä, joka usein johtaa entistä haavoittuvaisempaan asemaan.

Onneksi kaikki vaikutustoiminta ei rakennu vain puhtaasti poliittisen tietämyksen tai puhujan taitojen varaan. Valtaisa osa vaikutusmahdollisuuksista syntyy puhtaasti toimijan persoonan ja arvojen pohjalta; kuka tämä on ja millaisia asioita pyrkii toiminnallaan ajamaan.

LUKU 3 – MUTINAA MORAALISTA

Nuorison aivopesu ja moraalin kiinnikkeet

Junassa kirjoittaminen ei ole koskaan ollut mitään mieli-puuhaani, mutta poikkeus löytyy näköjään tällekin säännölle. Matka Tampereelta kohti aina niin aurinkoista koti-Kouvolaa on alkanut ja inspiraation kipinä kirjoittamiseen näemmä jälleen syttynyt.

Viikonloppu kului varsin antoisan sisällön parissa, SDP:n järjestöpäivillä. Ohjelmakalenterini täyttyi erinäisistä asia-sisällön täytteisistä työpajoista, antoisista keskusteluista, miellyttävistä kohtaamisista sekä jossain terveyden rajamailla pyöriskelevästä määrästä punaviiniä ja muita asiaankuuluvia virvokkeita.

Antoipa silmieni edessä vieläpä – juhlapuheiden ja luke-mattomien aploodien saattelemana – komissaari Jutta Urpilai-nen virallisen suostumuksensa toimia puolueen presidentti-ehdokkaana. Kokonaisuudessaan siis antoisa ja runsaasti ajatuksia herättänyt viikonloppu.

Teemat ja ajatukset jaksavat poukkoilla pienessä pääkopassani ristiin ja rastiin, mutta koetetaanpa keskittyä vaikkapa vain yhteen tai kahteen kerrallaan.

Eräässä keskustelussani vanhemman puoluekonkarin kanssa tämä ilmaisi olevansa iloisesti yllättynyt tapahtumaan saapuneiden nuorten toimijoiden määrästä. Puolueen keski-iän ollessa siellä 60 ikävuoden ja metusalem-tittelin välillä, tämä keski-iän lasku aktiivisten toimijoiden keskuudessa on tosiaan varsin positiivista.

Itse liityin puolueen toimintaan Sanna Marinin hallituskauden aikana. Myöhemmin opin, että kuuluin eräänlaiseen nuorten toimijoiden liittymisaaltoon, jonka ilmeisen nuorten valtionjohtajien – ministerien ja pääministerin – poliittinen nousu oli innoittanut.

Toki tämä samainen konkari ehti samaan lauseeseen vielä harmitella nuoria toimijoita ympäröivää keskustelukulttuuria ja nuorten uskottavuutta poliittisella kentällä. Epäilemättä myös jaan nämä huolet.

On harva se päivä, kun en nuorena toimijana kuule – milloin vitsinä, milloin solvauksena ja milloin tosissaan – jonkinlaista huutelua poliittisista broilereista, nuorten aivopesusta tai vertailuja Hitlerjugendiin. Ajatus siitä, että nuori toimija ei olisi valinnut omien arvojensa mukaista järjestöä, puoluetta tai ideologiaa, vaan tämä olisi aivopesty tai ideologia olisi muutoin pakotettu tämän kannettavaksi, on varsin hullunkurinen.

Onko todella niitä ihmisiä, jotka uskovat että siinä missä keski-ikäinen tai sen ylittänyt on luonnollisesti täysin immuuni kaikelle propagandalle ja suggestiolle, ovat nuoret puolestaan kykenemättömiä sitä tunnistamaan ja täten kykenemättömiä toimimaan omien ajatustensa ja omien arvojensa mukaisesti?

Onko todella niin, että, siinä missä nämä "oikeat aikuiset" näkevät kaiken manipulaation ja retoristen keinojen lävitse, 18-vuotiaat ovat täysin itseään nokkelampien tai älykkäämpien vietävissä?

Vastakysymyksenä voisin esittää, onko todella niin vaikeaa uskoa tämän 18-vuotiaan onnistuneen keräämään – liki kahden eletyn vuosikymmenen aikana – tarpeeksi tietoa, sekä maailmasta että itsestään, ollakseen kykeneväinen omien arvojensa tunnistamiseen ja täten oman uniikin moraalisen kompassinsa kasaamiseen?

Noh, mistä tämä moraalin tuntemuksemme, omatuntomme tai moraalinen kompassimme sitten muodostuu ja miksi tämä on oleellista puhuessamme ideologioiden ohjaamasta päätöksenteosta, niin henkilötasolla kuin valtakunnallisessa toiminnassa? Niin arjen pienissä valinnoissa kuin äänestyskopissa tai ammattipoliitikon toimissa.

Taas lähestymme valtaisaa aihekokonaisuutta, joten lienee parasta jakaa teema pariin kappaleeseen.

Suoranainen moraalin käsite tai sen todellisen luonteen tarkastelu lienevät toki jotain sellaista, jonka käsittely usein tapahtuu pitkälti väitöskirjatutkimuksen tasolla tai osana aikamme todellisten älykköjen elämäntyötä. Suonet siis lukijana anteeksi allekirjoittaneelle, jos en aivan tälle tasolle yletä, vaan annan lyhyesti käsiteltäväksi vain omien kokemusteni, tietojeni ja taitojeni sävyttämät ajatukset.

1. Moraali ja yhteiskunnan ohjaava asema.

Turhan usean elämänkoulun ylioppilaan käsitys moraalista ja sen pulmallisuudesta kiteytyy ytimekkäästi ajatukseen "moraali on vain mielipide", jota yleisesti seuraa "mielipiteistä ei

voi kiistellä". Suorastaan aukotonta argumentaatiota, jos pieni-
muotoinen olkiukko tähän väliin suvaitaan.

Toki moraali voinee olla mielipidejohteinen konsepti, mutta
koko käsitteen vertaus mielipiteeseen on yhtä yksiulotteista
kuin vaikkapa uskonnollisen, filosofisen tai poliittisen ideo-
logian kutsuminen vain mielipiteeksi. Pikemminkin moraalia
tulisi kuvata eräänlaisena alati kehittyvänä konsensuksena,
joka on muovautunut nykyiseen muotoonsa koko ihmis-
kunnan kehityksen rinnalla. Jokaisen yksilön henkilökohtaiset
moraalikäsitykset ovat täten jonkinlainen yhdistelmä tämän
henkilön kokemuksia, koulutusta, kasvatusta sekä ympäröi-
vässä yhteiskunnassa vallitsevaa moraalikäsitystä.

Se millaiseksi itse muovaamme näistä tekijöistä syntyneen
käsityksemme ja täten moraalimme lienee täysin riippuvaista
ihmisen omista kokemuksista, vakaumuksesta ja tahdon-
voimasta. Kaksi samanlaista kokemusta tai kaksi samalla lailla
elettyä elämää eivät automaattisesti luo kahta identtistä mo-
raalista kompassia.

Merkittävimpinä näistä moraalikäsityksemme muodosta-
vista tekijöistä: kokemuksista, koulutuksesta, kasvatuksesta ja
ympäröivästä yhteiskunnasta, nostan esiin yksilön kokemuk-
set sekä tätä ympäröivän yhteiskunnan. Ei liene kiistanalaista
väittää yksilön kokemusten ja kokemuksista opitun sisällön
muodostavan pohjan tämän koko ymmärrykselle ja ajattelu-
malleille. Toki, puhuessamme kenen tahansa yksilön elämän
sisällöstä, "kokemukset"-nimike itsessään toimii eräänlaisena
sateenvarjoterminä. Kokonaisvaltaisesti yksittäiset koetut
kokemukset ja eletyt elämät lukeutuvat jo niin suuren tekijä-
määrän summaksi, että näen paitsi ongelmattomampana myös
loogisempana keskittyä näiden tekijöiden oleellisimpaan
yhteiseen nimittäjään: ympäröivään yhteiskuntaan.

Ihmisen toimiessa osana itseään laajempaa yhteiskuntaa tai
yhteisöä, erinäiset säädökset, lait, tabut ja ennakkoluulot

toimivat usein pohjana ihmisen moraalikäsityksen synnyssä. Nämä yhteiskunnan ohjaamiseen tarkoitetut ja sen muodostumisen rinnalla kehitetyt säännöt luovat pohjan sille, mitä vastaan usein vertaamme omaa moraalikäsitystämme sekä ajatuksiamme ja mitä vastaan myös täten opponoimme.

Suomen lainsäädäntö pitää sisällään useita lakeja ja lakipykäliä, jotka ovat oman moraalikäsitykseni vastaisia. Näistä pykälistä useimpien kohdalla olen muodostanut käsitykseni niiden vääryydestä ja täten rakentanut omaa moraalikäsitystäni kuitenkin vasta saatuani kyseiset lait tietooni. Sama pätee niin lakipykälien kuin erinäisten ennakkoluulojenkin kohdalla, koska usein vasta ongelmallisen ajattelutavan kohdatessaan ihminen saattaa ensikertaa edes tarkastella kyseistä asiaa sekä omaa suhtautumistaan siihen.

Vielä lakipykäliä pienemmässä mittakaavassa, ihminen rakentaa omaa moraalikäsitystään jo perheensä tai lähipiirinsä mielipiteisiin ja heidän ideologioihinsa omia ajatuksiaan peilaten.

Ihmisen vuorovaikutus ympäristönsä kanssa, tämän altistuminen erinäisille näkökannoille ja tämän kohtaamat eettiset kysymykset vaikuttavat valtaisasti siihen, kuinka ihminen hahmottaa moraalin ja kuinka määrittää omat arvonsa. Kokonaisvaltaisesti todettakoon ihmisen kasvuyhteisön, tätä ympäröivän yhteiskunnan ja normien, olevan eräs merkittävimpiä tekijöitä moraalikäsityksemme kehityksessä. Täten myös näiden normien muuttuessa, muutoksilla on moninkertaisesti itseään suurempi vaikutus. Lakipykälään kirjatun muutoksen vaikutus ei rajoitu vain itse pykälän sisältöön, vaan muutos voi olla jopa suurempi yhteiskunnan moraaliohjauksen ja yksilöiden moraalikäsityksen tasolla.

Tästä pääsemmekin sopivasti kohtaan kaksi, eli;

2. Miksi päätöksenteko vaikuttaa myös moraaleihimme?

Päätöksenteon ja päätösten aiheuttamien muutosten alla elävän yhteiskunnan moraalikäsityksen suhde on moniulotteinen. Siinä missä päätökset, säädetyt lait ja säännöt heijastelevat usein yhteiskunnan vallitsevaa moraalikäsitystä, vaikuttavat ne myös vahvasti koko yhteiskunnan moraalikäsityksen kehityssuuntaan.

Säätäessämme vaikkapa avioliittolakiin samaa sukupuolta olevien ihmisten välisten avioliittojen sallivat pykälät, luomme itse lakimuutosten ja näistä seuranneiden avioliittojen rinnalle aktiivisen muutoksen ihmisten moraalikäsityksissä. Muuttaessamme lainsäädännön tasolla toiminnan laillisuutta, muutamme myös yksilöiden sitä kohtaan osoittamaa hyväksyntää ja täten heidän moraalikäsitystään sen suhteen. Jos jokin on jo hyväksyttyä lakitasolla, se on myös helpommin hyväksyttävissä henkilötasolla. Lakien vastustaminen itsessään sotii jo useiden moraalikompassia vastaan.

Vaikka lainsäädäntö voi tietenkin määrittää, mikä on laillista ja mikä ei, se ei tule koskaan heijastamaan aivan kaikkien yksilöiden moraalisia arvoja. Erinäisten periaatteiden, ajatusmaailmojen ja moraalikäsitysten moninaisuuden kirjon tuntien, tämä on suorastaan mahdotonta.

Lainsäädäntöjen tasolla, joidenkin päätösten taustalla toimivat eettiset periaatteet siinä missä toiset ovat enemmän tai vähemmän poliittisia tai taloudellisia.

Motiiveista riippumatta, olipa kyse poliittisista, eettisistä tai taloudellisista intresseistä, muutokset tulevat luomaan yhteiskunnallista kehitystä ja täten muutosta myös moraalikäsityksissämme. Muutosten myötä peilaamme näihin omia arvojamme ja täten alati kehitämme omaa itseymmärrystämme. Kehittyy käsitys siitä, millaista muutosta haluamme nähdä, minkä eteen olemme valmiita työskentelemään ja minkä puolesta olemme valmiita taistelemaan.

Aktivismi velvollisuutena

Yhteiskunnallisen pohdinnan ja epäkohtien käsittelyn jälkeen luonnollinen seuraava askel on reagoida tapahtuneeseen.

Moraalikäsityksen luotua pohjan sille, mitä pidämme tärkeänä ja arvokkaana, näen suoranaisena velvollisuudeksemme myös toimia arvojemme puolesta; näen velvollisuudeksemme korjata yhteiskunnassamme näkemämme epäkohdat ja velvollisuudeksemme työskennellä paremman huomisen eteen.

Yhteiskunnallinen toiminta ja kansalaisaktivismi nousevat suoraan yksilön vahvasta moraalikäsityksestä ja tämän halusta nähdä muutosta omassa yhteiskunnassaan. Aktivismi on se työkalu, joka antaa jokaiselle yksilölle ja yhteisölle mahdollisuuden konkreettiseen vaikuttamiseen. Se antaa mahdollisuuden tuoda esiin juuri niitä arvoja, joita tämä pitää keskeisinä ja mahdollisuuden luoda todellista muutosta.

Olen nostanut aktivismin vaikutuksia sekä siihen liittyviä mielipiteitäni esille jo esimerkiksi Elokapina-liikkeestä kirjoittaessani. Kannatan rauhanomaista kansalaisaktivismia lähes varauksettomasti – vain ääri-ideologisten liikkeiden jäädessä automaattisesti kannatukseni ulkopuolelle. Siinä missä näen itselleni läheisinä ja helposti kannatettavina aktivismin kohteina esimerkiksi luonnonsuojelun sekä ihmisoikeuskehityksen, avoin keskustelu ja julkinen toiminta ovat elintärkeä osa aivan jokaista kansalaisliikettä.

Ottaaksemme ääriesimerkin sieltä helpoimmasta päästä, näen huomattavasti suotavammaksi sen, että uusnatsijärjestö toimii julkisesti ja on täten avoimen kritisoitavana siihen verrattuna, että tämän kaltaisen järjestön toimijat muodostaisivat jonkinlaisia salaseuroja tai terroristisoluja.

Julkinen toiminta ei takaa legitimiteettiä järjestölle tai tukea sen ideologialle, mutta se takaa mahdollisuuden sen kritisoinnille ja sitä vastustavalle toiminnalle, niin muiden kansalaisaktivistien kuin myös tarvittaessa virkavallan toimesta.

Aktivismin ja moraalikäsityksen toimiessa tiiviissä vuorovaikutuksessa, vahvistavat ne alati toisiaan. Moraalikäsityksen ohjatessa yksilön aktivismia, tämän toimintaa ja toiminnan kohteita, moraalikäsitys myös vahvistuu itse toiminnan myötä. Täydellisessä maailmassa tämä vuorovaikutus muodostaisi pohjan jatkuvalle kehitykselle – jatkuvalle muutokselle kohti parempaa yhteiskuntaa.

Tietenkin joudun lisäämään tämän "täydellisessä yhteiskunnassa" -merkinnän, koska – kuten olemme harmillisesti kerta toisensa jälkeen saaneet lajina kokea – "parempi" näyttää olevan täysin subjektiivinen termi.

Joku voi nähdä yhteiskunnan parempana, jos tämä yhteiskunta koostuu vain etnisesti homogeenisestä kansanryhmästä. Joku näkee paremmaksi sen, että yksilön oikeudet ja ihmisarvo määräytyvät vain tämän tuottaman arvon mukaan. Taatusti löytyy joku, joka näkee parhaaksi koko yhteiskunnan tuhon.

Oma kompassini osoittaa paremmaksi yhteiskunnaksi sellaisen, jonka toiminta edistää ihmisoikeuksia, takaa jokaiselle elämisen arvoisen elämän ja työskentelee kestävän tulevaisuuden puolesta.

Vaikka käyttämäni esimerkit ovat myönnettävästi paikoin hieman hyperbolisia, on oleellista muistaa, että aktivismi ei aina esiinny vahvasti radikaalina aatteena tai vastarintana. Historiankirjojen ollessa täynnä esimerkkejä milloin minkäkin radikalismin seurauksista, aktivismin kuvaaminen pelkkien suurten kansanliikkeiden kautta ei anna hyvää kuvaa jokapäiväisen aktivismin luonteesta. Yksipuolisen käsittelyn sijaan lienee terveempää ajatella aktivismin kirjon pysyvän jopa valtaosin rakentavan toiminnan ja myönteisen muutoksen luomisvoimana. Moraalikompassin aktualisoiduttua teoiksi, oleellisinta on tekijän itsensä valmius tarkastella kriittisesti yhteiskunnan lisäksi myös itseään ja tekojaan.

Oma kansalaisaktivismini juurtaa itsensä vahvasti järjestö- ja puoluetoimintaan. Toki olen ehtinyt muutaman vuoden aktiivuuspuuskani aikana kirjoittaa pinon mielipidekirjoituksia, marssia muutaman rauhanmarssin ja osoittaa jokusen kerran mieltäni mielenosoituksessa. Kuitenkin suurin osa ajastani lienee kuluneen joko kokouspöydän ääressä keskustellessa tai milloin minkäkin ständin takana jutellessa. Myönnettäköön, että jos esimerkiksi vanhan valtaus tapahtuisi tänä päivänä, toivoisin näkeväni itseni paikalla ensimmäisten joukossa. Vuoden 2023 syyskuun yliopistojen mielenosoitukselliset valtaukset eivät aivan vanhan mittoihin ikävä kyllä yltäneet, mutta näihin sain edes itse osallistua.

Politiikan kenttätyöläisen asema tarjoaa nähdäkseni varsin loistavat mahdollisuudet tarkkailla ihmisten välistä vuorovaikutusta, sekä havainnoida – oleellisesti tämän tekstin kannalta – nimenomaisesti vuorovaikutusta erilaisia näkökohtia tai puoluekantoja omaavien ihmisten välillä. Keskusteluaiheiden ollessa paikoin hyvinkin arkoja sekä argumenttien pohjautuessa usein vahvasti debatojan omaan moraaliin ja arvomaailmaan, eivät huutelumittelöiksi asti kärjistyvät keskustelut ole ennenkuulumattomia. Kuitenkin olen saanut iloisesti yllättyä siitä kuinka joviaaleja keskustelukumppaneja olenkin saanut seurakseni – näiden näkemyksistä riippumatta ja puoluekantaan katsomatta.

Näissä tilanteissa näkisin juuri moraalikäsityksen toimivan eräänlaisena ohjenuorana niin minulle kuin taatusti myös kanssakeskustelijoilleni. Keskustelujen edetessä ja argument-

tien syventyessä, oma moraalikäsityksemme luo jopa erään-
laisen turvaverkon argumentoijalle. Tällä en missään nimessä
tarkoita sitä, että argumenttien lopussa debatoja voisi vain
perustella mielipiteitään ajatuksella: "no tämä nyt on vain
minun arvomaailmani." Ei missään tapauksessa. Pikemminkin
juuri päinvastoin. Puhtaasti arvopohjan keskiössä ja moraali-
käsityksemme ytimessä sijaitsevien argumenttien tulisi olla
juuri niitä ihmisen hiotuimpia keskustelun työkaluja. Työ-
kaluja, jotka ihminen on muodostanut koko elämänsä varrella
ja joihin tämä myös taatusti pohjaa suuren osan koko minä-
kuvaansa.

On kuitenkin sanomattakin selvää, ettei näiden moraali-
kompassimme oppien tule tärkeydestään huolimatta muodos-
tua dogmiksi tai muuksi järkkymättömäksi uskon pilariksi –
joksikin sellaiseksi, jota ei yksikään argumentti tai ympäristön
muutos voisi muuttaa. Jos tietoisesti päätämme estää arvo-
maailmamme ja moraalikäsityksemme muutokset, eväämme
vain täysin oman älyllisen kehityksemme.

Vaikka moraalikäsityksemme ohjaa vahvasti keskustelu-
jamme, ideologiaamme, vaikutustyötämme ja jopa sitä, kuka
olemme ja millaisena itsemme näemme, sen ei tule toimia niin
järkkymättömänä uskona, ettemme voisi kuvitellakaan sen
myös muuttuvan. Me emme saa sulkea silmiämme uusilta
näkökulmilta, eikä meidän tule kieltäytyä tarkastelemasta tai
päivittämästä omia arvojamme. Mielen sulkeminen uusilta
ajatuksilta ja tarkastelukulmilta johtaa vain älylliseen näivetty-
miseen.

LUKU 4 – "PUOLUSTUSTA"

Ensi kertaa kasarmilla

Aurinko paistaa pilvien raoista, kello on lyömäisillään yksitoista ja nousemme äitini kanssa autosta kohtaamaan mitä kauneimman alkuvuoden pakkaspäivän. Navigoimme pois parkkipaikalta ja kiipeämme soramontusta sen laidalla nousevaa rakennuskompleksia kohti. Tämän sunnuntain vietämme Vekaranjärven varuskunnassa, jossa pikkuveljeni Patrik (kavereiden kesken Pate vaan) on jo viikon ehtinyt asustella. Parinkymmenen asteen pakkasessa vietetty päivä, kohtalaisen krapulan yhä kolkutellessa pientä pääkoppaani, ei yleensä kuulu mielipuuhiini, mutta järkeilen reissusta tulevan edes mielenkiintoisen. Sain aikoinani vapautuksen asepalveluksesta, joten vierailu varuskunta-alueella on kohdallani ensimmäinen laatuaan.

Seuraamme oppaanamme toimivaa alikersanttia koko kompleksin kauimmaisimpaan nurkkaan, josta vihdoin silmiimme osuu ovi ja sen plakaatti "1. Pioneerikomppania." Oikea osoite. Kohta ovista porhaltaakin velipoika paremmassa ryhdissä kuin olen tätä koskaan aiemmin nähnyt. Alikersantin valvovan silmän alla alokas kertoo nopeat tervehdykset, vastaanottaa perheen tuoman tupakka- ja särkylääkelähetyksen ja lähtee esittelemään vieraille tupaansa ja tätä ympäröivää aluetta.

Tarina kulkee ja tupakkaa kuluu. Juttuja onkin alokkaalle kerennyt viikon aikana kertyä jo vaikka kuinka. Saamme kuulla kaiken aina maastoruokailuista kaapinjärjestelyn saloihin ja sotkumunkeista varusvaraston möhlimisiin.

Näitä toisella korvalla kuunnellessani tutkailen ympäröivää miljöötä. Päivä on selkeästi itse varuskunnan osalta sekä tavallista kiireisempi ja jännittyneempi, mutta myös omilta osa-alueiltaan rauhallisempi. Noin 2000 vierailijan paikalle pöllähtäminen luo takuulla omaa päänvaivaansa organisoijille, mutta valtaosa varuskunnan tavanomaisista toimista on luonnollisesti tältä päivältä jäissä. Vierailijoita varten on järjestetty kalustoesittelyjä, hernerokkalounas sekä prikaatin johdon vetämä luento. Käymme kahdessa jälkimmäisessä.

Prikaatin komentaja, prikaatikenraali Jyri Raitasalo, pitää vakuuttavan puheen, jossa korostaa niin Ukrainan sodan tuomia realiteetteja kuin myös Suomen verrattaen turvallista ja puolustuskykyistä asemaa, samalla alati painottaen varusmiesten ehdotonta turvallista asemaa koulutuksessaan. Jälkimmäisen luultavammin ollen tarkoitettu rauhoittelemaan sitä osaa kuulijoista, jotka muutoin alati huolestuneina soittelisivat kyselemään asepalvelusta suorittavien rakkaittensa vointia.

Puheessa ainoa erityisen kipeästi korvaani särähtävä nuotti lienee olleen se, kun komentaja kuvaili rynnäkkökiväärejä varusmiesten tärkeimmiksi työkaluiksi. Ei kai tuossa itsessään mitään erikoista tai yllättävää ollut, mutta itse itseni jonkinlaiseksi mielenvikaiseksi pasifistiksi myöntäen, vatsanpohjassa alkaa kiertämään ajatellessani tällaisen työkalun käyttöä.

Kaiketi jo tämän nimeäminen työkaluksi ja täten rinnastaminen niin odotetun arkiseksi osaksi elämää – samoin kuin vaikkapa saha metsurin tai suti maalarin kädessä – soti tarpeeksi ajatusmaailmaani vastaan kiinnittääkseni ilmaisuun huomiota siinä, missä valtaosalle se lienee olleen vain lause tuhansien joukossa. Särähtäminen kuitenkin lienee vain omaa mielenvikaisuuttani, joten sivuuttakaamme se toistaiseksi.

Puheensa loppuun arvon komentaja kysyy, josko tämän tulisi vielä tarkentaa jotakin ja pyytää yleisöltä kysymyksiä. Luonnollisesti uskon – kuten uskon herra prikaatikenraalinkin uskoneen – tarkoituksen olevan kysyä jotain liittyen menneeseen luentoon tai alokkaiden oloihin varuskunnassa.

Noh, joku näki asian eri lailla ja ensimmäinen puheenvuoro raikaa yleisöstä saliin: "Niin tuo Nato-juttu ei kyllä oikein menny miun mielestäni ihan nappiin, että mikäs siinä nyt on tarkotus..?". Kysymystä seuraa muutamat syvät huokaisut, hymähdykset ja joukko muita epämääräisiä yleisön ääniä. Tämän tyyppinen kysymys ei kuitenkaan selvästi tule minään valtaisana yllätyksenä. Komentaja sivuuttaa kysymyksen nopeasti ja kertoo päätöksen olleen poliittinen ja täten heidän päätäntävaltansa ulkopuolella. Kysymykset jatkuvat, mutta kohdistuvat tästedes itse prikaatin ja varuskunnan toimintaan.

Luento-osuuden jälkeen ja ihmisten suunnatessa pääasialli sesti sotilaskodin suuntaan, Nato-huudahdus jää selkeästi aiheena vielä elämään illan keskusteluihin. Kuulen jonkin ryhmän kutsuvan aiheen esille tuontia tahdittomaksi, toisten kuvailevan sitä suorastaan röyhkeäksi. Yksi jos toinenkin porukka puhelee, kuinka olivat varmoja aiheen nousevan edes jossain muodossa esille, toisaalla kuuluu olevan meneillään suoranainen debatti itse liittymispäätöksestä.

Äitini lievästi naljailee, kuinka minullakin olisi varmaan ollut asia jos toinen lisätä tähän keskusteluun. Kirjoittelin jonkin verran vuonna 2022 siitä, kuinka näin liittymispäätöstä

ympäröivän keskustelun ja kansalaismielipiteen erityisen no-
pean muutoksen, Nato-vastaisesta Nato-myönteiseksi, vähin-
täänkin kyseenalaisina.

Puheissani ja teksteissäni muunmuassa otin koppia entisen
pääministerin, myöhemmin presidentin, Alexander Stubbin
Nato-lausunnoista, joissa tämä kuvasi liittymistä kotivakuu-
tuksen otoksi talon ollessa jo liekeissä. Taisin retorisesti lisätä
näihin näkeväni liittymishakemuksen silloisella hetkellä pit-
kälti bensan lisäämisenä liekkeihin.

En ole koskaan mieltänyt itseäni erityisen Nato-kielteiseksi
tai -myönteiseksi, mutta tietenkin kriittisiä väitteitä liittymis-
prosessista esittäessäni, sain kantaakseni milloin suomettu-
neen stalinistin ja milloin Venäjän trollin tittelin. Tottakai
puhumme jälleen kerran eriävien mielipiteiden esittämisestä
internetin ihmemaailmassa ja verkkolehtien kommenttipals-
toilla, joten kyseiset tittelit eivät jääneet erityisemmin mieltä
painamaan.

Jatkamme virran mukana matkaamme sotilaskodin munkki-
kahvien suuntaan. Pate harppoo edelle ja avaa kohteliaasti
meille oven, kuten alokkaita on mitä ilmeisimmin opastettu
tekemään. Seuraavat 25-minuuttia kuluvatkin näppärästi
odottaessa ihmisvirran rauhoittumista, Paten jäätyä nalkkiin
pitämään ovea auki arvioltani noin tuhannelle muullekin
vierailijalle. Äitini sadatelee, kuinka pöyristyttävää onkaan,
ettei yksikään toinen alokas tässä tilanteessa ole tajunnut
mennä pitelemään viereisiä ovia. Itse pidän tilannetta lähinnä
huvittavana.

Lähes puolen tunnin odottelun jälkeen pääsee velipoikakin
sisätiloihin. Odottelumme seurauksena on sotilaskodin tiskille
ehtinyt kertyä jo aimo jono, joten tapamme aikaa alokkaan
antaessa lyhyen kierroksen sotilaskodin tarjonnasta. Täältä
näkyy löytyvän kaikki kirjaston ja supermarketin väliltä aina

kasarmin omaan pizzeriaan asti. Paten mukaan oluthyllyn saisi vielä valikoimiin kyllä lisätä.

Munkkikahvien jälkeen alkavat sosiaaliset akkuni olla sen verran huonossa varauksessa, että syvällisemmän keskustelun sijaan kiinnitän huomioni jälleen lähinnä ympäröivään miljööseen. Tunnelma kasarmilla alkaa olla väsähtänyt vielä päivällä aistimaani jännittyneisyyteen ja latautuneisuuteen verrattuna.

Kello alkaa lähestyä neljää ja valtaosa vierailijoista tekee lähtöään. Hyvästelyjä suoritetaan missä itkien ja missä itkuja pidätellen. Urheilukentän laidalla nuoripari on lukittunut syleilyyn jo nähdäkseni toistakymmentä minuuttia. Omalla kohdallamme ei sentään ole kyse mistään näin dramaattista. Pate saattaa meidät parkkipaikan laidalle. Heipat sanotaan ja kotimatka alkaa.

Päivän vierailu on saanut ajatukseni laukkaamaan. Harvoin olen mietiskellyt maamme puolustusvoimia tai tämän asemaa yhteiskunnassamme. Se on aina ollut vain jonkinlainen itsestäänselvyys tai ehkä pikemminkin hämärä taustavaikuttaja muun yhteiskunnan varjossa. Laitos, jonka ainoa päämäärä on varmistaa Suomen sotavalmius ja jossa viisastelevista teineistä muovataan armottomalla simputuksella ammattitappajia. Jälleen hieman karrikoin.

Vierailu puolestaan on pikemminkin muovannut kuvan laitoskokonaisuudesta, joka toiminnallaan edistää Suomen vakautta ja toimii jo miltei eräänlaisena yhteiskuntamme peruskalliona. Koulutuslaitoksena, joka omaa yhteiskunnassamme myös yleissivistävän roolin.

En kykene arvopohjaltani osoittamaan mainittavaa kunnioitusta itse taistelukoulutusta kohtaan, enkä ymmärtämään sen paikoin vahvasti glorifioitua asemaa. Kuitenkin palvelusajan varusmiehiin iskostama särmä on piirre, jota voin myöntää arvostavani. Niin triviaalilta kuin se saattaakin vaikuttaa, asepalvelus lienee usealle nuorelle niitä ensimmäisiä elämän kokemuksia, jotka pakottavat yksilön opettelemaan vastuun-kantoa, kunnioittavaa käytöstä, yhteistyötaitoja ja jopa käytös-tapoja, jos joku ei todella ole niitä siihen mennessä omannut. Päivittäiset rutiinit sekä vahva sisäänrakennettu hierarkia luovat ilmapiirin, joka pakottaa nuoren kehittymään laitoksen toivoman roolin suuntaisesti, jonka myönnän sisältävän lukuisia edellä mainittuja positiivisia piirteitä.

Sitten se Venäjä – tai pikemminkin venäläiset

Olisi varsin kapeakatseista puhua Suomen puolustusvoimista tai turvallisuuspolitiikasta puhumatta myös itänaapuristam-me. Neuvostoliiton ja myöhemmin Venäjän toimet sekä kehi-tys ovat keskeisiä oman valtiollisen ulko- ja turvallisuus-poliittisen rintamamme kehityksessä ja ovat tätä olleet aina itsenäistymisestämme lähtien. Olisi myös suhteellisen mahdo-tonta perustella maanpuolustukseen käyttämiemme resurssi-en määrää, jos olisimme vaikkapa Islannin kaltainen saari-valtio valtameren keskellä.

Erityisesti viime vuosien tapahtumat, päällimmäisenä Ve-näjän hyökkäyssota Ukrainassa sekä sen myötä entisestään vahvistunut globaali itä-länsi-jakauma ovat aiheuttaneet epä-vakautta, epävarmuutta ja kokonaisvaltaisesti lisääntyneitä jännitteitä kansainvälisellä politiikan kentällä.

Taustatiedot tietämättömille:
24. helmikuuta 2022 Venäjä aloitti avoimet sotatoimet Ukrainan maaperällä, jotka olivat jatkoa jo vuonna 2014 teh-dylle Krimin miehitykselle. Vastauksena Ukrainan johto julisti maan olevan sotatilassa sekä käynnisti yleisen liikekannalle-

panon. Tätä kirjoittaessani sodassa kuolleiden ja haavoittuneiden määrät lasketaan sadoissa tuhansissa. Sotaa paenneiden määrät miljoonissa.

En tule ottamaan minkäänlaista syvällistä kantaa Venäjän julmaan hyökkäyssotaan Ukrainassa, koska se ei tällaista vaadi. Tätä sotaa ei voi järjellä perustella. Se on puhtaasti sota ihmisyyttä vastaan.

Se, mihin aion ottaa kantaa, on reaktiomme tähän sotaan. Se, kuinka vahvasti sota ja siihen liittyvät tapahtumat ovat vaikuttaneet mielipiteisiimme niin Venäjää kuin venäläisiä kohtaan, ja kuinka nämä muutokset ovat heijastelleet oman maamme politiikkaan.

Kylmän sodan peruja oleva itä vastaan länsi retoriikka sai sodan myötä jälleen uutta tuulta siipiensä alle. Maailman jakautuminen vanhoihin karkeisiin leireihin antoi kummallekin puolelle jälleen selkeän vastuksen ja vihollisen. Jälleen kykenimme leimaamaan lännen absoluuttiseksi hyväksi; demokratian, järjestyksen ja oikeudenmukaisuuden tyyssijaksi. Itä puolestaan saa kantaakseen pahan valtakunnan; autoritäärisyyden, sekasorron ja epäoikeudenmukaisuuden maineen.

Tämä on äärimmäisen vaarallista retoriikkaa, joka silti on nähtävissä jopa keskeisessä osassa keskustelukulttuuriamme. Se vääristelee totuutta, yksinkertaistaa valtavan moniulotteisia kokonaisuuksia, luo halventavia karikatyyrejä, demonisoi vastapuolen täysin ja täten vie tämän vastapuolen edustajilta ihmisarvon.

Sotaa eivät julistaneet tavalliset Venäjän kansalaiset, mutta silti he saavat kärsiä jonkinlaisesta yleisesti hyväksytystä osasyylisyydestä. "He ovat myös vastuussa, koska heidän tukemansa hallinto on sodan hyväksynyt" tai vaihtoehtoisesti "He eivät tee mitään/tarpeeksi sodan lopettamisen eteen." Jälleen vaikuttaa helpoimmalta kääntää katseemme pois tilanteen realiteeteista ja sen sijaan tukeutua vanhojen turvallisten karikatyyrien suojiin.

Vaikka talvi- ja jatkosodassa taistelleiden perheissä sotamuistot ovat tänä päivänä syntyneille jo usein neljän tai viiden sukupolven päässä, yhteiskunnallisella tasolla haavamme ovat edelleen verillä ja kaunamme itänaapuriamme kohtaan näyttää vain odottavan uuden nousun mahdollisuuttaan.

Tämä mahdollisuus tarjoiltiin Venäjän toimesta avoimen sodan muodossa helmikuussa 2022. Kuin tilauksesta russofobeilla – suoralla suomen kielellä rasisteilla – oli tekosyy syrjivälle ja avoimen vihamieliselle toiminnalle. Venäläisten, Venäjän kansalaisten ja venäjän kieltä puhuvien kohtaama vihapuhe nousi välittömään nousuun. Sosiaalisen median ja yksittäisten foorumipalstojen synnyttämät kaikukopat, jotka olivat koko elinikänsä vain ruokkineet sisäistä venäläisvastaista rasismiaan, saivat vihdoin äänensä kuuluviin yhteiskunnallisessa keskustelussa sisällöillä, jotka hipoivat ei-epämerkittävän kansanosan silmissä jo oikeutettuja. Pääsimme jälleen todistamaan sosiaalisen median koneiston kykyä nostaa äänekäs vähemmistö eturintamaan ja yhteiskunnallisen keskustelun kapellimestariksi.

Puheet suomalaisista venäjän kaksoiskansalaisista turvallisuusuhkina tai jopa jonkinlaisina "Putinin agentteina" keräsivät hyväksyntää ja kaksoiskansalaisuuden omaavat saivat osakseen kakkosluokan kansalaisen maineen. Vuoden 2022 loppuun mennessä valtakunnallisiin otsikoihin ovat nousseet muunmuassa hälyttävissä määrin yleistyvä venäjää julkisilla paikoilla puhuvien kansalaisten solvaaminen ja ryssittely sekä venäjänkielisen yhdistyksen saamat murhapoltto-uhkaukset.

Voimme kaiketi laskea itsemme onnekkaiksi ja kansakuntamme "sivistyneeksi" sen osalta, että väkivalta ja tappouhkaukset eivät ole vihapuheen voimasta toistaiseksi realisoituneet. Realiteetit meidän tulee kuitenkin tästä riippumatta tunnistaa. Vihamielisyys venäjään liitettäviä vähemmistöjä kohtaan on sodan alettua merkittävästi lisääntynyt ja heidän asemansa yhteiskunnassamme tätä myötä heikentynyt.

Omaan pientä pääkoppaani vain vaivaa eräs hyvinkin perustavanlaatuinen kysymys: Miksi? Miksi vihata tavallisia kansalaisia valtion hirmuteoista? Miksi rasistisesti toimiessaan tietoisesti kohdella toista, kuin tämä omaisi vähäisemmän ihmisarvon? Onko yksilön tasolla vain yksinkertaisesti helpompaa syylistää kokonaista kansakuntaa sen yksittäisen osan tai johdon tekemistä teoista?

Tottakai on. Jatkokysymykseksi lienee oleellista esittää; miksi ihmiset ovat valmiita tekemään niin? Onko oikeudentajumme todella niin rappiolla, ettemme kykene erottamaan yksilöä kollektiivista?

Jälleen tunnistan kiperien kysymysten kysymisen olevan äärettömästi helpompaa kuin niihin vastaamisen.

Kansa vastuuseen johtajistaan

Kuvitellaan hetkellisesti, että olet Venäjän kansalainen Ukrainan sodan alkupäivinä. TV uutisista kuulet, kuinka valtiosi johto on julistanut "erikoisoperaation" Ukrainassa, tarkoituksenaan tukea Donetskin ja Luhanskin "tasavaltoja" näiden sankarillisessa taistelussa alistaja-Ukrainaa vastaan. Sosiaalisen median väylät välittävät hieman toisenlaista kuvaa ja sanomaa. Käytännössä kaikkialla Venäjän ulkopuolella "erikoisoperaatio" on julistettu avoimeksi sodaksi ja verkkokalvoillesi tulvii tätä käsitystä pitkälti yksipuoleisesti tukevaa kuvamateriaalia. Kymmenet tuhannet maanmiehesi lähtevät kaduille ympäri maan osoittamaan mieltään maan hallinnon julistamaa sotaa vastaan, mutta vähintään yhtä monet tuomitsevat protestojien toimet. Muutaman päivän sisällä tuhansia mielenosoittajia pidätetään.

Arvostellessamme yksittäisiä kansalaisia, on aivan samantekevää tuomitsemmeko Suomessa tällaisen mielenosoittajan, sivusta katsojan tai Venäjän hallintoa tukevan kansalaisen toimet. Jokainen näistä vaihtoehdoista on väärä.

Arvostimme sitä tai emme, olemme Suomessa varsin etuoikeutettuja toimivaan demokratiaan. Demokratialuokituksemme ollessa – lähteiden mittareista riippuen – tasaisesti maailman viiden parhaiten suoriutuneen maan joukossa, on surullisen ymmärrettävää, että pidämme omaamiamme oikeuksia sekä itsestäänselvyyksinä että universaaleina sellaisina. Ottaaksemme vertailukohdaksemme vaikkapa sijojen 140-150 välillä poukkoilevan Venäjän, jonka läheisimpinä demokratian kilpakumppaneina toimivat esimerkiksi Iran, Rwanda ja Uzbekistan, voimme alkaa hiljattain ymmärtämään asemaamme.

Puhumme maasta, jonka näennäisesti demokraattisilla vaaleilla valitussa parlamentissa yksittäinen puolue pitää ~72%:a paikoista ja jonka presidentti omaa lähes rajattomat oikeudet toimia niin autoritäärisesti kuin lystää. Asiaa ei auta, että kyseinen presidentti on luonut itsestään kuvan korvaamattomana hallitsijana, jonka toimet ovat ainoa suoja läntistä hirmuvaltaa vastaan. Tämä on tapahtunut niin maan lain puitteissa toimivalla poliittisen opposition murtamisella, kuin myös poliittisten vastustajien ja kilpailijoiden kohdatessa ennenaikaisen loppunsa. Milloin veritulpista vankityrmässä ja milloin horjahtaessaan hotellin avoimesta ikkunasta.

Venäjällä vallitsevan keskustelun vertaaminen tai pikemminkin rinnastaminen Suomen sisäiseen keskustelukulttuuriin, jonka sisäisinä peruspilareina toimivat sanan- ja lehdistönvapaus, on liki mahdotonta tai ainakin rakentavan keskustelun kannalta varsin kontraproduktiivista.

Huhujen mukaan Natsi-Saksan propagandaministeri Joseph Goebbels oli toisen maailmansodan aikana ihmetellyt eri juutalaisyhteisöjen Natsi-Saksa vastaisuutta. Toivon ettei kukaan saa omista kirjoitteluistani vaikutusta saman tasoisesta ihmettelystä. Yksilöiden, kansanryhmien sekä kokonaisten valtioiden suoranainen viha Venäjää kohtaan tämän sota-toimien johdosta on ymmärrettävää, jopa oikeutettua. Kuitenkin tämän vihan ilmeneminen yksilöitä kohtaan vain siksi, että he edustavat esimerkiksi kansalaisuutensa tai synty-peränsä puolesta vihan kohdetta, ei ole missään muodossa hyväksyttävää.

Kollektiivisen syylisyyden asettaminen yhteisöä tai kansa-kuntaa kohtaan on rasistiseen yleistykseen taipumatta mahdo-tonta. Onkin siksi ollut jopa pöyristyttävää nähdä monien – useiden myös älykkäinä pitämieni ihmisten – olleen näinkin valmiita siihen taipumaan ja täten "tulemaan kaapista" rasis-tisen ajattelunsa kanssa.

Näen tämän toiminnan ja asenteen kasvavan hyväksynnän kuvaamattoman huolestuttavana. Ihmisen näyttäytyessä yksilön sijaan enää vain osana kollektiivia, häntä kohtaan on vaivattomampaa suhtautua ennakkoluuloisesti ja hänelle on helpompi asettaa alhaisempi ihmisarvo. Miksi nähdä täysin uniikkia elettyä elämää, yksilöllisiä päätöksiä ja omakohtaisia arvoja, kun voi helpommin nähdä vain yksittäisen osan X- tai Y-arvoa edustavaa joukkoa?

Ei tulisi olla kiistanalaista todeta ihmisarvon olevan sekä mittaamaton että erottamaton osa jokaista yksilöä. Tämä on elintärkeää pitää mielessä myös keskustellessa ihmisryhmistä, näiden ryhmien koostuessa loppujen lopuksi juuri yksittäisistä ihmisistä.

Pasifismia ja puolustuskyvyttömyyttä

Seuraava tulee takuulla nostattamaan lukijoiden valtaosan joukossa valtaisat määrät turhautuneisuutta. Monet kutsunevat minua idiootiksi, tomppeliksi tai typerykseksi. Joukon maltillisimmat tai muutoin aatteeni jakavat lienevät tituleeraavan minut vain ymmärtämättömäksi tai harhaanjohdetuksi.

Jonkinlaiseksi parantumattomaksi pasifistiksi itseni mieltäessäni, tunnen paikoin haasteelliseksi turvallisuuspolitiikkamme käsittelyn. Arkinen keskustelu vaikkapa turvallisuuspoliittisista toimenpiteistä, investoinneista tai puolustusvoimiemme kalustosta, joiden tarkoituksena on näennäisesti turvata Suomen puolustuskyky, kuulostavat puolustusvälineinä joskus varsin paradoksaalisilta. Ajatus maailmasta, jossa olisimme turvassa pyssyiltä ja pommeilta vain siksi, että omistaisimme itse paljon pyssyjä ja pommeja, on oksettava. Silti tämä maailma lienee pitkälti olevan juurikin se, jossa elämme.

Tämä pyssyjen ja pommien pelote voitanee vetää esimerkkinä äärimmilleen ydinaseista ja ydinpelotteesta puhuttaessa. Tämä kylmän sodan katkuinen pelote lienee tulleen keskuuteemme jäädäkseen ja ajatukset tämän hyväksyttävyydestä ovat luonnollisesti kuvottavuudessaan täysin omaa luokkaansa. Jälleen heitän niinkin kiistanalaisen mielipiteen ilmoille, että en suinkaan näe positiivisessa valossa ihmiskunnan kykyä tehdä laji-itsemurha – jonka kykenisimme nykyisellä ydinasekapasiteetillamme tekemään tuhansia ja tuhansia kertoja. En myöskään näe positiivisena asiana tämän kapasiteetin laajenemisen kasvavaa hyväksyntää. Tällä viittaan lähinnä sotilasliitto-Natoon ja tämän vaikutuksiin jäsenmaissaan.

Suomen 13. presidentti Alexander Stubb tietoisesti erotti itseään kampanjansa aikana vastaehdokkaastaan Pekka

Haavistosta myönteisellä ydinasekannallaan. Hieman tarkentaakseni, tämä kertoi näkevänsä täysin mahdollisena ydinaseiden kuljetuksen ja varastoinnin Suomessa, siinä missä vastaehdokas Haavisto torjui ajatuksen kuin seinään. Suomen edellisenä vuonna liityttyä Natoon, Suomen halki kulkevien ydinasekuljetusten ja Suomen maaperällä toteutettavien ydinaseharjoitusten mahdollisuus sotilasliiton sisäisenä yhteistyöväylänä oli avautunut.

Presidenttiehdokkaiden toimittua kampanjoissaan varsin joviaalisti ja heidän omatessaan samankaltaisia mielipiteitä useimmista vaaliteemoista, erottuivat ydinasekysymysten kaltaiset yksittäiset erot varsin merkittävästi. Sitä suuremmalla syyllä, Stubbin voitettua vaalit jäin itse miettimään, millaista tarinaa tulos jäi kertomaan Stubbia äänestäneiden suomalaisten henkilökohtaisista ydinasekannoista. Linjauksen – tai ainakin sitä vaaliaseena käyttäneen Stubbin – saatua laajan hyväksynnän, voidaanko valtaosaa suomalaisista pitää ydinasemyönteisinä?

Ymmärrän pelotteen käsitteen. Ajatuksen siitä, että valmiustasomme ja kykymme vastata meitä vastaan tehtyyn hyökkäykseen ollessa tarpeeksi korkeat, ei hyökkäystä kyetä ilman valtaisia tappioita suorittamaan. Hyökkäyksestä koituvan vahingon potentiaali nousee korkeammaksi, kuin hyökkäyksen potentiaalinen hyöty. Uhatessamme mahdollista hyökkääjää aseella, tai pikemminkin jo pelkästään hyökkääjän tietäessä meidän omistavan aseen jolla uhata, ei tämä oletusti uskalla ammutuksi tulemisen uhalla tehdä meille pahaa.

Saamme osoittaa loputtomat kiitoksemme Yhdysvaltojen suuntaan, heidän urheasti testattuaan tämän konseptin toimivuutta henkilötasolla jo kolmatta vuosisataa. Siviilihenkilöjen omistamien aseiden määrän ollessa Yhdysvalloissa noin.120-asetta jokaista 100:a asukasta kohden, voitanee sanoa mahdolliseksi lähes jokaisen vastaantulijan olevan todennäköinen tai ainakin mahdollinen aseen omistaja. Täten ammutuksi tulemisen riski lienee myös varsin korkea, jos jostain päähänpistosta päättäisit siellä hyökätä kenen tahansa kimppuun. Olettaessamme tämän uhkailun mallin toimivan, tulisi Yhdysvaltojen näyttäytyä rauhan ja harmonian tyyssijana, jossa väkivaltarikollisuus olisi käytännössä olematonta.

Ei liene kenellekään yllätys, että näin ei ole. Todellisuudessa aseiden määrä näyttää ainoastaan lisänneen niiden käyttöä, Yhdysvaltojen löytyessä vuosi toisensa jälkeen asekuolematilastojen kärjestä korkean tulotason maiden vertailuissa. Kärkimaan sija Yhdysvalloille myönnetään myös muissa juhlavissa kategorioissa, kuten esimerkiksi vuosittaisten joukkoampumisten sekä vuosittaisten kouluampumisten määrässä.

Päällimmäisenä vasta-argumenttina tähän voitanee järkeillä henkilötason ja valtiotason toimien olevan täysin eri asioita ja täten mahdottomia rinnastaa. Lisäksi saatetaan huomauttaa nostamani tapauksen olevan vain yksittäinen, nimenomaisesti tätä anekdoottia varten valikoitu, esimerkki. Molemmat argumentit ovat täysin asiaan kuuluvia ja vieläpä pitkälti paikkansa pitäviä.

Yhdysvaltojen aseomistajuusasteen ollessa korkea ja aseiden määrän sekä aserikollisuuden ollessa tarkoin dokumentoituja, valtio tarjoaa meille jo datansa puolesta nähdäkseni parhaan esimerkkitapauksen yksilötason asevarustelusta.

Myös kulttuurierojen näkökulmasta, valtion nosto esimerkkitapaukseksi lienee oikeutettua – erityisesti myös Suomalaista maanpuolustuslaitosta ja asekulttuuria sivuuttaessamme. Valtaosa Euroopan valtioista omaa enemmän samankaltaisuuksia Yhdysvaltojen kuin yhdenkään toisen Euroopan ulkopuolisen valtion kanssa. Kulttuuriemme kehittyessä satoja vuosia toistemme vahvassa vuorovaikutuksessa, lienee yksiselitteistä nostaa näistä kulttuureista eräs niiden ilmeisimmistä eroavaisuuksista myös tarkastelun ja arvostelun kohteeksi.

Tietenkin myös Euroopasta löytyy (läntiseen maailmaan verrattaessa) useampia korkean aseomistusasteen maita – kärkipäässä muunmuassa Sveitsi ja Suomi. Kuitenkin – jopa Euroopan korkean aseomistusasteen maissa – väestömäärään suhteutettuna omistettujen aseiden määrä on vain noin neljäsosa siitä, mitä se Yhdysvalloissa on. Lisäksi aseisiin suhtautuminen sekä niiden omistajuutta ympäröivät kulttuurierot ovat äärimmäisen erilaisia.

Edellä mainittujen Suomen ja Sveitsin asekulttuurit muodostuvat vahvasti maanpuolustusvalmiuden ympärille. Valtio kouluttaa kansalaisiaan aseiden käytössä ja aseiden omistajuus tapahtuu tiukan lainsäädännön sekä valvonnan puitteissa. Yhdysvalloissa aseen omistamisoikeus nähdään sikäläisen perustuslain toisen pykälän varjossa itseisarvona. Aseille asetetaan korkea arvo niin itsenäisyyden kuin itsesuojelun symbolina.

Lukuisten Euroopan valtioiden ja Yhdysvaltojen ollessa muutoin monilta osin usein varsin samankaltaisia, erot aseiden omistajuudessa, niihin suhtautumisessa sekä asekuolemien määrässä luovat siläkin vahvemman kontrastin välilleen. Täten näen Yhdysvaltojen asekulttuurin nostamisen myös aseiden luomaa vuorovaikutusta esitteleväksi esimerkkitapaukseksi sangen perusteltuna.

Jatkakaamme seuraavaan argumenttiin.

Valtiotason ja henkilötason toimet ovat keskenään erilaisia, mutta pelotteen käytettävyyden yhtälöä pohdiskellessamme, ihmisen muuttuja pysyy kummassakin tismalleen samana. Vain aseiden aiheuttaman potentiaalisen tuhon määrä moninkertaistuu ja päätäntävalta tämän tuhovoiman käytöstä siirtyy yksilöltä tiiviille yhteisölle. Koostui tämä yhteisö sitten halli tuksesta, neuvostosta tai jostain muusta päätäntäelimestä, valta pysyy edelleen aina yhtä ailahteluherkän ihmisen käsissä. En näe päätäntävallan siirtymistä yksilöltä yhteisölle agression kynnystä korottavana tekijänä. Hyperbolisena argumenttina voisi kai väittää, että jos näin olisi, eläisimme jo nyt maailmanrauhan aikaa. Hieman realistisempana väitän näiden yhteisöjen olevan aivan yhtä lailla vaikutteille alttiita sekä omien intressiensä toteuttajia kuin yksilötkin ovat.

Riski yhteisön tai ryhmän määräämästä voimankäytöstä on täysin liitännäinen ryhmän vakauteen. Ryhmän ollessa korrupti, sen sisäisten voimasuhteiden ollessa muutoksessa tai sen toimiessa pelkästään omien intressiensä mukaisesti, se on aivan yhtä altis impulsiiviselle ja harkitsemattomalle voiman-käytölle kuin voimankäyttöön kykenevä yksilökin. Jokainen ryhmä, yhteisö tai valtio on täysin kykenevä vakuuttelemaan itselleen toimivansa oikein, tekivät he mitä tahansa.

Jokainen sota on oikeutettu, kunhan asiaa kysyy sodan julistajalta. Sodan julistaja ei näe itseään valloittajana, vaan vapauttajana. Tämä ei näe itseään alistajana, vaan oikeuden-mukasena hallitsijana. Tämä ei näe itseään murhaajana, vaan uskoo tarkoituksensa pyhittävän käyttämänsä keinot.

Yksilön omatessa tarvittavat työkalut, motiivin ja kaiken muun murhatekoon vaadittavan moraalittomuuden, uhrien määrä jää onneksemme usein vain yhteen. Valtioiden oma-tessa nämä samat murhan ainekset, uhrien määrät nousevat kymmenistä tuhansista aina satoihin tuhansiin asti – miksi eivät jopa miljooniin tai nykyisillä aseillamme miljardeihin.

Yksikin riistetty henki on liikaa, riippumatta sen riistäjästä. Yksilötasollakin tämä on teko, jota ei voi järjellä oikeuttaa. Silti valtaosasta oikeuslaitoksiamme löytyy kasa "päteviä perus-teluja" murhalle. Milloinka kyse on äärimmilleen viedystä itsepuolustuksesta ja milloinka vain hetkellisestä harkinta-kyvyn pettämisestä. Oikein sivistyneet oikeuslaitokset näkevät itsensä jopa niin oikeudenmukaisina, että kykenevät oikeuttamaan jopa itse tekemänsä murhat: virkavallan murhateot ja vangittujen kuolemantuomiot.

Elämme tänä päivänä maailmassa, jossa useiden valtioiden omaama tuhovoima on korkeampi, kuin mitä vähäpätöinen ihmisrotumme tai pieni maapallomme kestäisi. Toivotaanpa ettei yhdenkään tällaisen valtion harkintakyky petä, sillä sitä lipsahdusta olisi tuskin kukaan enää paikalla oikeuttamassa.

Maanpuolustuslaitoksemme ja turvallisuuspolitiikkamme ovat käsittelyn kohteina paikoin haasteellisia. Kuten olen tuonut ilmi, näen varusmiespalveluksen ja asepalveluksen tuoman hyödyn niin yksittäisille kansalaisille kuin myös kansakunnalle merkittävänä.

Yksilötasolla, palveluksen suorittanut oppii lukuisia taitoja ja laajoja sisältökokonaisuuksia, aina yhteisön osana toimimisesta ja soveliaasta käytöksestä lähtien itse maanpuolustustaitoihin. Palvelus pakottaa elämän nivelvaiheessa olevan nuoren osaksi selkeän toimintakehyksen yhteisöä ja täten toimii nuoren elämässä tukevana ja kasvattavana voimana. Opitut yhteistyötaidot auttavat integroimaan nuoren osaksi laajempaa yhteiskuntaa. Laajemmin yhteiskunnan tasolla, palveluksen suorittaneet muodostavat vahvan reservin, joka mahdollistaa myös Suomen kaltaiselle pienelle valtiolle merkittävän puolustuskyvyn.

Toisaalta, näen järjestelmämme perustavanlaatuisena ongelmana sen ristiriidan rauhanomaisen konfliktinratkaisun kanssa. Moitteettomasti toimiessaan, maanpuolustuslaitoksemme tehtävänä on vahvistaa sotilaallista hierarkkiaa, normalisoida väkivaltaa ja kouluttaa kyvykkäitä tappajia. Sotilaallisen voimankäytön potentiaalia korostetaan ja pidetään rauhan takeena. Pelotteen mekaniikka toimii ja näyttäytyy toimiessaan ylivertaisena.

Vielä irvokkaammalta tämä näyttää globaalin politiikan näyttämöllä. Diplomatia ja neuvottelukulttuuri saavat kantaakseen korrektin ja sivistyneen vaikutuskeinon tittelit, mutta vaikuttavimpina valtioina pysyvät silti sotilaallisesti voimakkaat suurvallat. Voimapolitiikka suorastaan odottaa käyttäjäänsä.

Pilvilinnoista laskeutuakseni, voin kaiketi kuitenkin rauhoitella sisäistä pasifistiani sillä oljennuoralla, että maassamme toimivat armeijan sijaan puolustusvoimat. Ainakin paperilla ero löytyy siitä, että keskitymme oman suvereniteettimme suojelemiseen, emme sotimiseen tai edes "vapautus- tai erikoisoperaatioihin." Tämä lienee nyt se sivistynyt militarismin muoto.

Olen joskus tituleerannut itseäni idealistiseksi realistiksi. Aatteita ja ihanteita korkeassa arvossa pitäväksi kaveriksi, joka kuitenkin pyrkii käsittämään toimintaympäristönsä realiteetit. Tällä hetkellä realiteettina taitaa olla se, että tämä maailmanlaajuinen, *mexican standoff* -tyylinen, pattitilanne vaikuttaa useimmiten toimivan. Pelotteet ovat tarpeeksi korkeat konfliktien estämiseen. Kieltäydyn kuitenkin hyväksymästä sitä, että tämä olisi se ainoa oikea tie rauhan saavuttamiseen tai sen ylläpitoon. Ansaitsemme parempaa kuin vain jatkuvan aseellisen uhkailun toistemme välillä.

LUKU 5 – ESIKOULUSTA EDUSKUNTAAN

200-apinaa

Taas 200-apinaa on valloillansa
ja niistä jokaisen on valinnut tää kansa~

Jo jokusen vuoden ajan olen pyrkinyt pitämään itseni edes jossain määrin perillä päivän politiikan polttavista kysymyksistä. Varsin usein tämä on tapahtunut eduskunnan täysistuntoja seuraamalla. Useille mielikuvat kyseisestä lähetyksestä ovat mitä luultavammin paikoin kovin tylsiä ja harmaita. Kukapa jaksaa päivästä toiseen seurata monotonisesti poliittista jargoniaa jauhavia päättäjiä päivätyössään?

Näki sen sitten istuntojen kiinnostavuuden osalta hyvänä tai huonona piirteenä, tätä monotonista ja harmaata, mutta ennen kaikkea asiallista politiikkaa saisi omasta puolestani olla rutkasti enemmänkin. Harvassa ovat ne kyselytunnit, jolloin ei ainakin hetkellisesti joudu sivusta seuraajana häpeämään silmiään päästä. Kansanedustajien – näiden maamme päättäjien ja huippupoliitikkojen – huutaessa ja möykätessä, lähetyksen kuva jakaa harmillisen usein enemmän yhtäläisyyksiä esikoulun kuin valtiollisen parlamentin kanssa. Useasta istunnosta ei kaiketi puutu kuin muutamat leikkiautot tai hiekkalinnat ja kuva olisi täydellinen.

Vaikka olisi harvinaisen helppoa maalata epäasiallisen käytöksen lähteeksi vain omien aatteitteni vastaiset puolueet tai edustajat, ei tämä olisi missään määrin totuudenmukaista – kaukana siitä. Päälle huutelua ja lapsellista käytöstä esiintyy puolueesta riippumatta. Loka lentää ja hautaa alleen asiallisenkin keskustelun rippeet. Myönnettävästi tällainen käytös on toisille puolueille ominaisempaa kuin toisille, mutta tästä huolimatta siihen syyllistyvät kaikki.

Tarkkasilmäinen lukija saattaa kyetä erottamaan rivien välistä kuinka turhauttavana ja häpeällisenä näen tämän aspektin parlamentaarisessa järjestelmässämme. Jopa sellaiset poliitikot, joita kohtaan muutoin omaan suuren kunnioituksen, osallistuvat aivan yhtä lailla tähän keskustelukulttuurin muotoon. Vasemmalta oikealle, liberaalista konservatiiviin, keskustelutason alituinen rappeutuminen koskettaa jokaista aatekuntaa.

Poliittisen keskustelun ja debatin kärjistyneisyys itsessään ei ole mysteeri. Henkilökohtaisten arvojen ja vakaumuksen värittäessä politiikkaa lähes aiheesta riippumatta, jokainen kohdattu vasta-argumentti on mahdollista käsittää hyökkäyksenä omaa vakaumusta kohtaan. Käytännön politiikassa henkilön oman tai tämän puolueen näkemyksen vastainen päätös vaikuttaa paitsi henkilökohtaiselta, myös yhteisölliseltä tappiolta. Päätös näyttäytyy täysin vääränä, irrationaalisena ja mahdottomana oikeuttaa. Täten päätöstä vastustava protestointi, tämän ollessa vaikkapa päätöksen tukijoiden puheenvuorojen päälle huutamista, voi tuntua täysin luonnolliselta, ymmärrettävältä ja oikeutetulta.

Täydellisessä maailmassa kaikki puberteetti-iän ylittäneet kaiketi kuitenkin osaisivat hallita itsensä ja kansanedustajat täten pysyttäytyisivät asiallisen kanssakäynnin rajoissa. Arvokeskustelut käytäisiin sivistyneesti rakentavassa hengessä ja pätevin argumentti määrittäisi harjoitetun politiikan suunnan. Jälleen kerran toki huomaan leijailleeni haaveideni kera mahdottomiin pilvilinnoihin.

Jos korkeapalkkaisten ammattipoliitikkojen esikoululaismaisen käytöksen ainoa haittapuoli olisi paikoittain heitä kohtaan tuntemani myötähäpeä, kyse olisi varsin mitättömästä ongelmasta. Kuitenkin jo nykyisissä mitoissaan keskustelukulttuurin vaikutukset säteilevät laajasti koko yhteiskuntaan. Syrjäyttäessämme pätevän argumentoinnin loanheitolla ja poliittisten irtopisteiden hankinnalla, argumentin osapuolet ajautuvat alati kauemmaksi toisistaan. Kuiluja puolueiden välille syntyy paitsi puoluejohdon tasolla, myös kasvavissa määrin näiden kannattajakuntien keskuudessa. Keskustelun polarisoituessa ja asiattoman vastakkainasettelun kasvaessa, rakentava yhteistyö ja kompromissit vaativat toteutuakseen jatkuvasti kasvavan työmäärän.

Eduskunnan voimasuhteiden vaihdellessa neljän vuoden sykleissä, näen puolueiden välisten siltojen polton valtavan lyhytnäköisenä. Hieman tarkentaakseni, siltojen poltolla en tietenkään tarkoita eroavien mielipiteiden esille tuontia tai vaikkapa opposition esittämää välikysymystä, vaan nimenomaisesti edellä mainittua asiatonta kanssakäyntiä.

Puoluepolitiikkaan sitoutuneessa demokratiassa parlamentaarisen työn tulee nojata rakentavaan keskusteluun ja avoimeen debattiin. Puolueiden tulee toimiaseen edistää yhteistyötä, joka tavoittelee kokonaisvaltaisesti pätevintä ratkaisua. Mikäli puolueiden välinen toiminta sen sijaan perustuu pelkästään vastakkainasetteluun ja kannatuksen kalasteluun, demokraattinen järjestelmä kaatuu jo ennen ensimmäistäkään toteutettua päätöstä.

Vuoden 2023 eduskuntavaalien jälkeen – kokoomuksen ja perussuomalaisten kerättyä vaalien suurimmat äänisaaliit – kirjoitin sosiaalisen median puolelle toiveitani tulevasta:

"Demokratian toteutumisen kannalta, ei meitä hyödytä polttaa siltoja tai demonisoida näiden puolueiden (Kok, PS) edustajia, vaan tulisi meidän yhdessä pyrkiä rakentamaan parempaa yhteiskuntaa niillä ehdoilla, jotka kansa on meille sanellut.

Ehkä hieman naivisti ajattelen, että jokainen puolue ja valtaosa politiikan harjoittajista toimii mielestään paremman yhteiskunnan hyväksi. Toki kuva tästä yhteiskunnasta eroaa valtaisasti ideologian vaihtuessa, mutta en usko yhdenkään yksilön tai yhteisön toimivan tarkoituksenaan suoranaisesti heikentää yhteiskuntamme tukipilareja tai elintasoa."

Myönnettävästi tämä valtavan naiivi ajattelumallini näkyy kostautunut ja luottamukseni osoittautunut väärin kohdennetuksi.

Vielä vaalikampanjoiden aikaan kokoomuksen vaalikärkenä toimi valtaisa huoli valtionvelasta, jonka jatkuva nosto sai kampanjaretoriikassa jo liki apokalyptiset mitat. Perussuomalaisten vaalikärkinä puolestaan raikuivat lupaukset polttoaineen hinnan laskemisesta, lakko-oikeuden varjelemisesta ja pienituloisten aseman turvaamisesta. Puolueiden noustua hallitusvastuuseen, valtionvelkaa on otettu rutkasti edellistä hallitusta enemmän, pienituloisilta leikattu ja lakko-oikeutta rajoitettu. Polttoaineen hinta myönnettävästi on laskenut joitakin senttejä per litra, mutta saman hintakehityksen tapahtuessa myös globaalilla tasolla en usko voivamme kiittää

Suomen hallitusta tästä kehityksestä. Lienee haastavaa löytää ilmeisempää esimerkkiä vaalilupausten täydellisestä pettämisestä sortumatta räikeään karikatyrointiin.

Vaalien voittajien lienee varsin helppoa toimia kevein askelin ja puhtain sydämin toteuttaessaan vaalilupauksiaan ja tietäen näin toimivansa kansan äänimandaatin suojin. Vaan kuinka raskasta lienee raahata mukanaan painolastina kokonaista vaaliohjelmallista petettyjä lupauksia? Tämän ollessa edes mahdollista, rohkenen väittää puoluejärjestelmämme ja eduskuntainstituutiomme olevan vähintään korjauksen tarpeessa.

Sininen kädenpuristus

Vanhan viisauden mukaan meille rakkaimmat saavat kantaakseen monet kritiikkimme, koska kohdistamme suurimman luottamuksemme, odotuksemme ja uskomme juuri heidän potentiaaliinsa. Ystävä saattaa naljailla toisen matalapalkkaisesta työstä, koska toivoo näkevänsä tämän paremmassa asemassa tulevaisuudessa. Samoin vanhemmat moittivat lastaan huonoista kouluarvosanoista, sillä heidän sydämessään toiveena on lapsen oma menestys. Huomaan kohdallani osoittavani saman logiikan suhtautumista Suomen sosialidemokraattista puoluetta kohdaan.

Heinäkuussa 2024 eduskunta antoi siunauksensa kiireellistetylle käännytyslaille. Laille, jota käytännössä 99 oikeusoppinutta ja asiantuntijaa sadasta haastatellusta vastusti. Laille, joka sotii räikeästi niin Suomen perustuslakia ja EU-lainsäädäntöä kuin myös ihmisoikeusperiaatteita vastaan.

Laki on niin kutsuttu poikkeuslaki, joka voidaan ottaa käyttöön koska tahansa, valtioneuvoston ja tasavallan presidentin niin päättäessä. Voimaan tullessaan laki mahdollistaisi turvapaikanhakijoiden käännyttämisen rajalla, vain yksittäisen rajavartijan tai muun vastaavassa asemassa olevan virkailijan päätöksellä. Tämä paitsi mahdollistaa käytännössä kenen tahansa turvapaikanhakijan käännyttämisen riippumatta näiden suojeluntarpeesta, myös asettaa päätöksen tekevät virkailijat eettisesti mahdottomaan asemaan, näiden joutuessa toimimaan tuomareina ihmisen eloonjäämisen suhteen.

Laki nuijittiin eduskunnassa läpi SDP:n toimiessa vaa'ankieliasemassa. Vain kuusi kansanedustajaa SDP:n 43:sta äänestivät käännytyslakia vastaan ja nämäkin vasta ensin anottuaan ja saatuaan nimenomaiset luvat SDP:n puoluejohdolta äänestää puolueen enemmistön vastaisesti.

Päivää ennen itse lakiäänestystä, kirjoitin Helsingin Sanomissa seuraavaa:

"Edustuksellisen demokratiamme kulmakivi on kansalaisten oikeus äänestää vallankahvaan henkilöitä, joiden arvomaailmaan ja päätöksentekoon voi luottaa. Kun vaaleilla valittu päättäjä tuntee painostusta tai saa jopa suoranaisia määräyksiä äänestyspäätöksiään koskien, ei hänen parlamentaarinen toimintansa ole enää kunniallinen osa demokraattista järjestelmää.

Ryhmäkurin toimintaperiaatteet ovat ristiriidassa vapaan demokratian kanssa... Puolueen jäsenen tulee kyetä aina kunnioittamaan ennen kaikkea omia arvojaan ja toimia niiden mukaisesti, eikä hänen todellakaan tulisi missään tilanteessa joutua "hakemaan lupaa äänestää" tietyllä tavalla."

Laki ja äänestyksen valoon tuomat epäkohdat jäävät mietityttämään. Puoluekentän reaktio äärettömän kiistanalaisen lain puoltamisesta oli – ja edelleen kirjoittaessani on – jakautunut.

Puoluejohto luonnollisesti pyrki selittämään päätöstään ja tekemisiään. Jo pari tuntia äänestyksen jälkeen olivat puheenjohtaja Lindtman, ryhmänjohtaja Tuppurainen sekä kansanedustajat Koskinen ja Heinäluoma vakuuttelemassa noin sadalle puolueen toimijalle kuinka laki oli hyödyllinen, tarpeellinen, toimiva ja jopa pakollinen. Vastausta lain suhteen nostettuihin ihmisoikeuskysymyksiin tai ristiriitoihin kansainvälisen oikeuden ja Suomen perustuslain kanssa ei saatu. Muistiinpanoissani lukee erittäin diplomaattisesti kyseisen tapaamisen kohdalla: "Uskomatonta kiertelyä. Ei vastausta mihinkään. Mahtaa vasurit saada kohta jäseniä."

Äänestyksen välittömissä jälkimainingeissa useita ystäviäni sekä tuttaviani erosi puolueesta. Kuten aavistelin, moni jatkoi vaikutustyötään muiden puolueiden, useimmiten juuri Vasemmistoliiton, riveissä. Perustimme erään ystäväni kanssa keskusteluryhmän niille demarivaikuttajille, jotka tunsivat tarpeen purkaa sydäntään ja käydä kriittistä keskustelua puolueen toiminnasta. Tämä antoi niin muille kuin itsellenikin turvallisen tilan käsitellä tapahtunutta kanssamielisten toimijoiden keskuudessa.

SDP:n eduskuntaryhmän sekä puoluejohdon toimenpiteet ryhmäkurin suhteen aiheuttavat kohdallani lähinnä hämmennystä ja turhautumista. Tunnen ensimmäistä kertaa todellista pettymystä puoluettani kohtaan sekä joudun asemaan, jossa joudun myös kyseenalaistamaan halukkuuteni tukea kyseistä puoluetta.

Äänestystä seuranneen päivän lehdessä komeilee vaikuttava kuva pääministeri Petteri Orpon ja SDP:n puheenjohtaja Antti Lindtmanin kädenpuristuksesta. Kuva on napattu eduskuntasalissa kesken käännytyslakiäänestyksen. Kuva leviää nopeasti sosiaalisessa mediassa ja teoriat tuolla hetkellä sovitusta seuraavan hallituskauden sinipunayhteistyöstä leviävät yhtä mittaa kuvan kanssa. Itse en jaksa uhrata ajatuksiani moisille salaliittoteorioille.

Hieman yli viikko äänestyksen jälkeen Antti Lindtman ylpeilee sosiaalisen median kanavillaan siitä, kuinka Ylen tekemän mielipidemittauksen mukaan jopa 55% haastatelluista demarivaikuttajista seisoo puolueen äänestyskäyttäytymisen takana. Haastateltuihin kerrotaan kuuluneen muun muassa puolueen työntekijöitä, piirihallituslaisia sekä puoluevaltuutettuja. Otan omalla sosiaalisen median seinälläni Antin päivityksestä koppia ja huomautan Ylen haastattelun tavoittaneen vain 97-henkilöä. Vertauskohtana mainittakoon SDP:n pitkäaikaisen kansanedustajan ja ministerin Erkki Tuomiojan viikkoja aiemmin keränneen ja toimittaneen puolueelle liki 300-demarivaikuttajan vetoomuksen, joka argumentoi käännytyslakia vastaan. Kyseinen vetoomus oli varsin kirkkaasti muistissa. Komeilihan oma nimenikin sen allekirjoittaneiden joukossa. Lindtman tuskin tätä vastaustani on nähnyt. Tämän sijaan sain paritkin yhteydenotot Tuomiojan vetoomuksen allekirjoittaneilta puolueen piirihallituslaisilta sekä puoluevaltuutetuilta, joita Ylen kysely puolestaan ei ollut tavoittanut. Puolueen päätökset oikeuttaneen kyselyn otanta vaikuttaa olleen paitsi pieni myös valikoitu. Tunnen oloni turhautuneeksi ja voimattomaksi.

Arvot ohjaavat ja muovaavat politiikkaa. Arvot määräävät mitä etuja myönnämme tai priorisoimme, mitä rajoitteita asetamme, sekä mitä päämääriä kohti työskentelemme. Yhteiskuntamme kehittyy sen mukaiseksi, millaisilla arvoilla sitä rakennamme.

Yhteiskunnan toiminnan ja nykyolosuhteiden puolestaan määrittäessä arvojamme, yhteiskunnallinen kehityksemme hidastuu, pysähtyy tai kääntyy edellisiin päämääriimme nähden täysin toisille raiteille. Tavoitteidemme ja arvojemme kuuluu kulkea käsi kädessä. Toki arvomme vaikuttavat jo osaltaan siihen, millaisia tavoitteita asetamme, mutta jopa oleellisempana näen arvojen roolin siinä, kuinka saavutamme asetetut tavoitteemme.

Kukapa ei toivoisi maailmanrauhaa, mutta harvempi haluaisi sen tapahtuvan vaikkapa totalitaristisen valtion maailmanvalloituksen keinoin. Monet lienevät toivovan nälänhädän loppumista, mutta tuskin toivoisivat sen loppuvan nälkäisten lahtaamiseen.

Käännytyslakiäänestyksessä SDP antoi ympäröivän yhteiskunnan määrittää toimintansa. Se hylkäsi puolueen ydinarvona sen perustamisajoista asti olleen solidaarisuuden arvon. En toki väitä etteivätkö myös puolueen kaksi muuta sen nimeämää ydinarvoa, vapaus ja tasa-arvo, olisi ottaneet prosessissa merkittävää osumaa. Rehellisintä lienee vain todeta koko puolueen arvopohjan kuraantuneen äänestyksen myötä.

Hällä-väliä-RKP

Toiseksi esimerkiksi puoluejärjestelmämme epäkohdista nostan SDP:n rinnalle Suomen ruotsalaisen kansanpuolueen. RKP kohtaa kritiikkini varsin erilaisista syistä. Siinä missä SDP on ollut itselleni koti, jonka turvissa olen saanut kasvaa ja opetella poliittisen toimintani ensiaskelia, RKP on aina tuntunut Suomen puolueista itselleni kaukaisimmalta. Vaikka suoraan sanoen häpeällisellä ruotsinkielentaidollani lienee jotain tekemistä asian kanssa, suurimmat syyt puolueen vierastamiseen löytyvät kuitenkin sen arvoista sekä sen osoittamasta integriteetistä päätöksentekoaan kohtaan.

RKP toimii puolueena täysin äänestäjiensä antaman äänimandaatin turvin sekä pyrkii ajamaan äänestäjiensä etua. Tähän mennessä kaikki on siis hyvin – näinhän puolueen tuleekin toimia. Ongelma syntyy puolueen äänestäjäkunnan ollessa niinkin rajattu kuin RKP:n äänestäjäkunta on. Ei liene missään määrin liioiteltua todeta RKP:n äänestäjäkunnan koostuvan käytännössä täysin suomenruotsalaisista äänestäjistä ja RKP:n täten toimivan pääasiallisesti heidän etunsa ajajana.

Noin 287 000 suomalaista puhuu äidinkielenään ruotsia. Tämä vastaa noin viittä prosenttia Suomen väestöstä. Lienee ikävän tarpeellista nimenomaisesti puhua tästä viidestä prosentista ruotsia puhuvina suomalaisina – tässä painotus sanalla suomalaisina – sillä harmikseni en ole vielä kertaakaan nähnyt Suomessa käytävän vaaleja, joissa ainakin yksi poliittinen ehdokas ei olisi heidän suomalaisuuttaan kyseenalaistanut. Useimmiten kyseenalaistajia löytyy perussuomalaisten ehdokkaiden joukosta, kun nämä vaativat "hurrien karkoittamista takaisin Ruotsiin" tai jotain aivan yhtä älykästä. Voin vain kuvitella miltä itsestäni tuntuisi, jos olisin oman synnyinmaani kansalainen, mutta minua silti kohdeltaisiin kuin muukalaista maanmiesteni rinnalla. Tällä toivon pohjustavani, miksi näen suomenruotsalaisten oman edunvalvonnan ehdottoman tarpeellisena. Tätä roolia uskon RKP:n ainakin paperilla pyrkivän hoitamaan.

Ongelmat puolueen toiminnassa ilmenevät vertailtaessa sen harjoittamaa politiikkaa puolueen arvopohjaan. RKP:n puolueohjelmassa korostuvat pyrkimykset demokratian tukemisen, oikeudenmukaisuuden sekä avoimen yhteiskunnan puolesta. Puolueen nykyinen, vuonna 2016 hyväksytty, puolueohjelma puhuu vahvasti yksilön oikeuksien, tasa-arvon, vapauden, sosiaalisen ja globaalin vastuunkannon, oikeudenmukaisuuden sekä ympäristön ja ihmisten kunnioittamisen puolesta. Myös tätä edeltäneet puolueohjelmat ovat suurilta osin samoilla linjoilla.

RKP on 2000-luvulla toiminut osana valtioneuvostoa Suomen jokaisen hallituskauden aikana, vain Sipilän hallitusta lukuun ottamatta. Hallituksen kokoonpano on tänä aikana vaihdellut punamullan ja sinipunan sekä jopa suoranaisen porvarihallituksen välillä. RKP:n asema pienenä puolueena on usein pakottanut sen mukautumaan hallituksen sisällä vallitsevaan konsensukseen, mutta toisaalta, puolue omaa usein merkittävän vallan oppositioon nähden. Kun hallituksen ja opposition politiikka on vahvasti jakautunutta, RKP:n vaa'ankieliasema antaa sille huomattavan suuren vaikutusvallan jopa niinkin keskeisissä kysymyksissä kuin lainsäädännön hyväksymisessä tai hallituksen luottamuksesta päätettäessä.

Ruotsalaisen kansanpuolueen omatessa tämän aseen – mahdollisuuden jopa hallituksen kaatamiseen, jos tämä rikkoo heidän arvojaan vastaan – joudun vahvasti kyseenalaistamaan heidän sitoutumisensa nimeämiinsä arvoihin ja puolueohjelmaan. Puolueen käytännössä aina mennessä valtavirran mukana milloin minkäkin hallituksen linjan, minkäkin ohjelman, minkäkin säädöksen ja minkäkin päätöksen kohdalla, en voi sanoa näkeväni RKP:n politiikassa olevan minkäänlaista integriteettiä. RKP on todella saavuttanut Suomen politiikassa aseman, jossa se voidaan hyväksyä tukipuolueeksi hallitukseen kuin hallitukseen, koska muut puolueet tietävät kykenevänsä alistamaan sen harjoittamaan millaista politiikkaa tahansa.

Iänaikainen satiirinen letkautus "kunhan ruotsin kielen opetus kouluissa säilyy pakollisena, muuta ei RKP vaadi" on, vaikkakin kärjistetty ja yksinkertaistettu, myös harmillisen usein varsin lähellä totuutta. Vaikka tällaiset kärjistykset kertovatkin usein enemmän julkisen keskustelun tasosta kuin puolueen agendasta, kiteyttävät ne puolueen yksipuolisuuden varsin näppärästi. Ulkoisen tarkkailijan näkökulmasta RKP on vain yhden asian liike, ja tuo asia on suomenruotsalaisten edunvalvonta. Tämän ulkopuolella puolue voi joustaa asiassa kuin asiassa, vaikka harjoitettu politiikka olisi täysin ristiriidassa puolueen arvojen kanssa.

Yhden asian puolueet eivät tule saamaan minulta osakseen kunniaa tai onnitteluja. Vaikka puolueen vaikutustoimet eivät keskittyisi vain yhdelle sektorille, yhden asian toiminta koko puolueen vaikutustyön ja päätöksenteon motivaattorina varustaa sen huonosti laajempaan yhteiskunnalliseen päätöksentekoon. Puolue saattaa tarkastella politiikkaansa useasta näkökulmasta, mutta keskiössä pysyy vain yksi tavoite tai eturyhmä, jota se priorisoi. Tämä sokeuttaa puolueen laajemman yhteiskunnallisen edun ajamiselle sekä rajoittaa sen kykyä toimia koko kansan puolueena. Vielä ongelmallisempana näen tämän, jos eturyhmä on pieni tai tavoiteltu muutos hyödyttää vain harvoja.

Vähemmistöjen edunvalvonta on itselleni ensiarvoisen tärkeää. Olivat kyseessä sitten esimerkiksi kulttuuri-, kieli- tai seksuaalivähemmistöt, uskon, että vähemmistöillä tulisi olla samanlaiset oikeudet ja asema kuin valtaväestölläkin. Kuitenkin näen puolueiden tehtävänä koko yhteiskunnan hyvinvoinnin ja tasa-arvon edistämisen, joka huomioi kaikkien kansalaisten tarpeet – ei vain pienen eturyhmän. Vähemmistöryhmien – ja itse asiassa jokaisen ihmisryhmän – edunvalvonta on elintärkeää tasa-arvoon pyrkivässä yhteiskunnassa, mutta näiden oikeuksien ajaminen ei saa sokeuttaa meitä tätä yhtä pyrkimystä laajemmalta yhteiskunnalta.

Puolueita ja parjaamista

RKP ja SDP päätyivät tarkasteluni kohteeksi pitkälti sen vuoksi, että odotin kummaltakin puolueelta enemmän. Kyseessä ovat modernin Suomen vanhimmat puolueet, jotka ovat kultivoineet arvojaan jo toista vuosisataa. Toivoin kummankin kykenevän pitämään kiinni arvoistaan. Toivoin kummaltakin kestävää päätöksentekoa.

Vain kahden puolueen esiin nostaminen ei tietenkään tarkoita, että pitäisin muita puolueita täydellisyyden perikuvina tai vailla virheitä. Jokaisessa poliittisessa liikkeessä ja puolueessa on omat haasteensa, epäkohtansa ja arvoristiriitansa. Jotta en jättäisi muiden eduskuntapuolueiden edustajille väärää käsitystä ajatuksistani ja tuntemuksistani, tässä nopeat ja myönnettävästi turhautuneisuuden kärjistämät ajatukseni myös muista puolueista:

Kansallinen Kokoomus:

Talousosaajapuolueen maine on realiteettien sijaan puhtaasti itse rakennettu brändi. Puolue markkinoi itseään talouspolitiikan asiantuntijana ja pragmaattisena toimijana, mutta unohtaa, että talouspolitiikka on yhtä lailla arvovalintoja ja ideologiaa kuin numeroita. Verotuksen kevennykset ovat retoriikan ytimessä, mutta niiden vaikutukset julkisiin palveluihin ja valtaväestön elintasoon tyystin unohdetaan. Korkeatuloisten ja suuryritysten edunvalvonnasta puolueella on suurta näyttöä. Valtaväestöä hyödyttävästä talouspolitiikasta ei niinkään.

Suomen Keskusta:

"Kepu pettää aina" on äärimmäisen latautunut leima, mutta puolue näyttää usein tietoisesti elävän sen mukaisesti. Puolueen viimeisen hallitusvastuun aikana Marinin hallituksessa

leima korostui varsin mieleenpainuvasti, Keskustan vastusta-
essa kiivaasti oman hallituksensa ohjelmaa saamelaiskäräjä-
lakiäänestyksessä, ilmeisenä tavoitteena säilyttää kannatuk-
sensa lakia vastustavilla alueilla. Tämä toki kostautui ja takin-
käännön jälkimainingeissa puolueen kannatus vain jatkoi
vajoamistaan.

Vaikka puolue väittää ajavansa syrjäseutujen etuja, päätös-
ten taustalla vaikuttaa usein olevan pelko kannatuksen menet-
tämisestä – aidon periaatteellisuuden sijaan. Suomalaisen
hyvinvointivaltion juuret ovat punamullassa, mutta Keskus-
tan nykyinen ailahtelevaisuus ja opportunismi rapauttavat sen
uskottavuutta poliittisena toimijana.

Vihreä liitto:
Vihreät tuntuvat elävän keskellä aktiivista identiteettikriisiä.
Puolueen lisääntyvä veljeily alati konservatiivisempaan suun-
taan kallistuvan oikeistosektorin kanssa vesittää näiden libe-
raaleja arvoja. Täten – puolueen joutuessa aktiivisemmin pitä-
mään kiinni liberaaleista arvoistaan – tämän alkuperäinen
ympäristöpainotus joutuu kilpailemaan entistä enemmän pai-
kastaan puolueen politiikassa. Tästä seuraa, että esimerkiksi
Vasemmistoliiton ottaessa paikoin jopa Vihreitä aktiivi-
semman roolin ympäristöpolitiikassa, Vihreät vaikuttavat lä-
hinnä eksyneiltä ja kodittomilta Suomen politiikassa.

Kristillisdemokraatit:
Mahatma Gandhin kerrotaan sanoneen: "Minä pidän Kristuk-
sestanne, mutta en kristityistänne. Miksi kristittynne ovat niin
erilaisia kuin Kristuksenne?" Näen samaa voitavan ikävä kyllä
soveltaa Kristillisdemokraatteihin.

Raamatun Kristuksen julistaessa armoa, nälkäisten ruokki-
mista, sairaiden hoitamista, ja lähimmäisenrakkautta, tämän
nimeä kantavat kristillisdemokraatit eivät vaikuta seuraavan

opeista yhtäkään. Puolue lähinnä näyttäytyy instituutiona, jonka keskeisenä tavoitteena on säilyttää valtion ja kirkon väliset kytkökset, sen sijaan, että se puolustaisi yksilöiden uskonvapautta tai yhteiskunnan vähäosaisia.

Puolueen toimiessa avoimen vähemmistövastaisesti – liki vähemmistöstä riippumatta – syntyy vaikutelma, että erityisesti lähimmäisenrakkaus pyrittäisiin aktiivisesti pitämään mahdollisimman kaukana puolueen harjoittamasta politiikasta.

Vasemmistoliitto:

Vasemmistoliitto on usein se puolue, joka puhuu periaatteista ja tuo keskusteluun vahvaa arvopolitiikkaa, kun muut ovat hiljaa. Tämän johdosta se on usein ansainnut kunnioitukseni. Kuitenkin, puolueen tavoitteiden ollessa paikoin lähes utopistisia, joudun joissain osin kyseenalaistamaan sen kyvykkyyden pragmaattiseen päätöksentekoon.

Tähän päivään mennessä puolue on joutunut tyytymään apupuolueen rooliin hallituspolitiikassa, mutta jos puolueen positiivinen kannatuskehitys jatkuu ja tämä nousee suuren hallituspuolueen asemaan, sen on todennäköisesti hillittävä idealismipainotteisuuttaan pragmaattisen päätöksentekotarpeen vuoksi. Nähtäväksi jää, kuinka toteutuskelpoista puolueen politiikka tällöin olisi ja kuinka puolueen kannattajakunta siihen suhtautuisi.

Perussuomalaiset:

Populismi: sana, jonka väitän nousevan lähes jokaiselle ensimmäisenä mieleen Perussuomalaisesta puolueesta keskusteltaessa. (Tai noh, joko se tai "rasismi".)

Vielä Timo Soinin valtakaudella – ja erityisesti ennen vuoden 2011-jytkyä – puolue suorastaan ylpeili sillä, että kykeni kutsumaan itseään populistiseksi liikkeeksi. Populistinen ideologia tunnustettiin ja populistinen retoriikka hallitsi puolueen ulostuloja. Perussuomalaiset pyrki laaja-alaisen protestipuolueen asemaan, jonka kautta toimijat ja äänestäjät kykenisivät haastamaan perinteiset puolueet sekä instituutiot.

Jussi Halla-ahon ja myöhemmin Riikka Purran alaisuudessa tämä protestipuolueen maine ja sitä ruokkinut kansalaislähtoinen populismi on hylätty. Onhan puolue nyt itse suuren valtapuolueen asemassa ja osa valtakunnan keskeistä puoluejärjestelmää.

Puolue on muuttanut asemansa kansalaislähtöisestä keskustapuolueesta laitaoikeistolaiseksi eliittipuolueeksi muiden joukossa. Ulkopuolisen tarkkailijan silmiin, perussuomalaisen puolueen erot muihin eduskuntapuolueisiin ovat vain käytetyn kielen karkeudessa ja provokatiivisuudessa. Puolue on täysin hylännyt keskustalaiseen politiikkaan pohjanneet juurensa ja on tämän sijaan omaksunut nationalismin keskeiseksi ideologiakseen, säilyttäen populismista vain sen halveksuttavan retoriikan tason.

Liike Nyt:
Viimeisimpänä ja vähäisimpänä: Liike Nyt. Puolue on puhtaasti Harkimon henkilökohtainen projekti, ja tämä näkyy sen jokaisessa kolkassa. Puolueen profiili on Hjalliksen kasvot, puolueen imago hänen tyylinsä ja puolueen politiikka vain ja ainoastaan tämän henkilökohtaisia näkemyksiä. Käytännössä koko puolue on pikemminkin someaikakauden "brändäyshanke" kuin legitiimi poliittinen liike. Ilman Harkimoa, puolue jää vaille sisältöä ja suuntaa. Ei ole mitään, mikä sitoisi sen kannattajia yhteen ideologisesti tai käytännöllisesti. Puolue on nykyhetken ilmiö, joka todennäköisesti unohdetaan jo seuraavalla vuosikymmenellä.

Poliittiset liikkeet ja puolueet koostuvat aina monista saman-suuntaisesti ajattelevista ihmisistä, mutta ihmiset ovat silti yksilöjä omilla tuntemuksillaan ja ajatuseroillaan. Vaikka edellä kirjoittamani parjaaminen heittää lokaa vuorollaan jokaisen puolueen niskaan, haluan muistuttaa sen koskevan vain itse puolueita. Kaikki puolueiden jäsenet eivät toimi puolueensa linjojen mukaisesti, eikä esitetty kritiikki päde kaikkiin tai edes välttämättä valtaosaan kunkin puolueen jäsenistä. Joskus yksittäisetkin ihmiset toki ansaitsevat kritiikkinsä, mutta aikomukseni ei ole viedä jokaista puoluetoimijaa ripille heitä suuremman byrokraattisen koneiston toimien vuoksi. Tunnettu vitsi kuuluu: "Yksi idiootti voi olla joskus tuurilla oikeassa. 200 idioottia on aina väärässä. 5 000 000 idiootista nyt puhumattakaan." Tuhansien ihmisten hierarkkiset puolue-koneistot asettunevat varsin kauniisti tämän vitsin maailmaan.

Lienee jo nyt selvää kuinka suuren turhautuneisuuden omaan yhteiskunnallista päätöksentekoa kohtaan. Omaamamme puoluejohtoinen parlamentarismi, monipuoluejärjestelmä sekä edustuksellinen demokratia ovat ehdottomasti konsepteja, joiden toimivuuteen jaksan uskoa. Samalla kuitenkin näen näiden käytännön toiminnan ja toteutuksen olevan vielä lapsenkengissä.

Taannoin sadattelin eräälle Bangladeshista Suomeen muuttaneelle ystävälleni kuinka tympääntynyt ja pettynyt voinkaan joskus olla parlamentaariseen järjestelmäämme. Kerroin kuinka puolueiden harjoittaman politiikan arvoristiriitaisuus, poliittisten irtopisteiden kalastelu sekä poliitikkojen lapsellinen riehuminen saavat minut paikoin tuntemaan jopa vihaa yhteiskuntajärjestelmäämme kohtaan. En voi ymmärtää, kuinka näinkin toimivana pidetty demokraattinen järjestelmä voi sisältää näinkin suuria mätäpaiseita. Ystäväni lähinnä naurahtaa manaamiselleni; "Onhan suomalainen demokratia nyt toimivaa ja yhteiskunta hyvällä mallilla. Lahjonta, kiristys, uhkailu ja poliittiset murhat ovat täällä lähes ennenkuulumattomia. Ihminen voi julkisesti kertoa mielipiteensä ilman, että tämän täytyy pelätä itsensä tai perheensä puolesta." Lienee myönnettävä, että ystäväni on tuolla vertailukohdalla oikeassa. Olenhan itsekin päässyt jo useamman vuoden suoltamaan maailmaan mielipiteitäni ja näkemyksiäni ilman, että minun on täytynyt pelätä Supon agenttien tai Kokoomuksen palkkatappajien luoteja. Kuitenkin toivoisin yhteiskuntamme asettavan rimansa hieman korkeammalle.

Suomalaista yhteiskuntaa ei voi pitää toimivana demokratiana niin kauan kuin puoluepolitiikka jatkuu nykyisellään ja puolueet eivät kunnioita omia arvojaan. Kansalaisten päättäjille antama äänimandaatti ei myöskään oikeuta päättäjiä toimimaan asemassaan, jos mandaatti perustuu valheisiin ja vilpillisiin vaalilupauksiin – kuten näyttää olevan arkipäivää. Demokratiamme toimivuus joutuu kyseenalaiseksi, kun sen jatkuvuus on mahdollista silloinkin, kun se rikkoo valtion perustuslakia tai sitovia kansainvälisiä sopimuksia. Tämä ei ole se Suomi, johon meidän täytyy kansalaisina tyytyä. Päättäjiemme tulee poikkeuksetta osoittaa olevansa äänimandaattinsa arvoisia, poliittisen päätöksenteon tulee olla johdonmukaista ja niin lakia kuin solmittuja sopimuksia kunnioittavaa. Ilman näitä muutoksia, yhteiskuntamme jää vielä kauas demokratian ihanteista.

LUKU 6 – SÄÄD ENDIKÖ? ELI KUINKA MUUKALAISVIHA, RASISMI JA KAIKKI MUU KIVA SAATETTIIN SUOMEN "TASA-ARVOISESSA YHTEISKUNNASSA" SALONKIKELPOISIKSI

~~Rasismi~~ Isänmaallisuus

On itsenäisyyspäivän ilta vuonna 2024. Maan silmäätekevien ja muun seurapiirikerman kokoontuessa juhlistamaan itsenäistä Suomea presidentin kutsuvierailulle linnanjuhliin, Helsingin kaduilla marssii tuhansia ihmisiä niin "isänmaallisessa" 612-soihtukulkueessa, kuin antifasistisessa Helsinki ilman natseja -mielenosoituksessa.

Käytin 612-kulkueesta sanaa "isänmaallinen" vain ja ainoastaan siksi, koska tällä termillä kulkueen järjestäjät itse kuvaavat kulkuetta. Todellisuudessa kulkueen järjestäjät ovat arvoiltaan avoimen fasistisia ja äärioikeistolaisia, jotka puolestaan ovat piirteinä suorassa ristiriidassa isänmaallisuuden kanssa.

Kulkue on yhtä isänmaallinen kuin kansallissosialistit ovat sosialisteja tai kuin Korean demokraattinen kansantasavalta (epävirallisesti Pohjois-Korea) on demokraattinen tai tasavalta.

Soihtukulkue luo Helsingin joulukuiseen iltaan lähes aavemaisen tunnelman. Tummaa yötaivasta vasten lepattavat soihdut tuovat mieleen lähinnä keskiaikaisen noitarovion tai muun lynkkauksen, jota pienen kaupungin tai kylän väki on matkalla soihtuineen ja talikoineen toteuttamaan. Talikoita en marssijoiden sentään bongannut kantaneen. Keskiaikainen tunnelma on saatu taitavasti esille siis arvojen lisäksi soihtukulkueen visuaaleissa.

Perussuomalaisen puolueen kansanedustajat Teemu Keskisarja sekä Sheikki Laakso ilmoittivat jo hyvissä ajoin osallistuvansa itse 612-kulkueeseen. Laakso vetäytyi tapahtumasta viime hetkellä, mutta Keskisarja toimi peräti kulkueen juhlapuhujana. Puheessaan tämä muun muassa painotti yhteiskunnan ääriryhmienkin koostuvan tavallisista ihmisistä, tuomitsi näiden epäinhimillistämisen ja pyysi "suvaitsevaisuuden lumihiutaleen leijailevan niin Linnaan kuin Töölön torille."

Tarjotakseni kontekstia edelliseen, tämä kansanedustaja Keskisarjan vetoomus suvaitsevaisuuden puolesta tehtiin jälkeen marssin, jonka aikana lukuisat soihtukulkueen marssijat olivat varsin ylpeästi tehneet roomalaistervehdyksiä, jonka jäsenten vaatetukseen kuuluivat ajoittaiset natsisymbolit kuten hakaristikuvioinnit, ja jonka jäsenet raportoidusti huutelivat niinkin tarttuvia iskulausahduksia kuin "Natsit Suomeen" ja "Natsit Helsinkiin." Edellä mainitut iskulauseet ilmeisinä vastahuutoina Helsinki ilman natseja -mielenosoituksen vastaaviin "Natsit ulos Helsingistä" ja "Natsit ulos Suomesta" -huutoihin.

Keskisarjan ollessa jollain valtakunnan ilveellä koulutus-taustaltaan filosofian tohtori, suvaitsevaisuusparadoksi ja sen implikaatiot suoranaisten fasistien tai uusnatsien toimintaan tulisivat olla tälle ilmeiset.

Asiaan vihkiytymättömille lyhyesti kerratakseni, laajalti arvostetun itävaltalais-brittiläisen tieteenfilosofi Karl Popperin tunnetuksi tekemä suvaitsevaisuusparadoksi linjaa, että täydellinen suvaitsevaisuus johtaa eittämättä suvaitsemat-tomuuteen. Tämä johtuu seurauksena suvaitsevaisuudesta jopa suvaitsemattomuutta kohtaan, joka puolestaan johtaa suvaitsemattomuuden lisääntymiseen. Tämän vuoksi suvait-semattomuutta itseään ei tule missään muodossa suvaita.

Keskisarja taitavasti onnistuu puheessaan soveltamaan puolueelleen tyypillistä kaksinaismoralismia, suvaitsematto-muuden edistäjän peräänkuuluttaessa suvaitsevaisuutta. Irvokkaan esityksen syynä lienee herra tohtorin pyrkimys näyttäytyä kuuntelijoidensa silmissä jonkinlaisena rauhaa, yhteistyötä sekä kanssaelämistä kannattavana ylevänä hah-mona – liki post-poliittisena persoonana –, joka kykenee nou-semaan perinteisen vastakkainasettelun yläpuolelle. Puhutaan erästä, toteutetaan toista.

En usko jokaisen 612-kulkueeseen osallistuneen olevan fasisti, uusnatsi tai äärioikeistolainen. Lukuisat osallistujat lienevät vain tavan kansalaisia, jotka eivät yksinkertaisesti ole tietoisia kulkueen järjestäjien arvoista, jotka puolestaan ovat erotta-mattomasti sidottuja edellä mainittuihin äärioikeistolaisiin teemoihin ja ideologioihin.

Jos tarkastelemme kulkuetta sen historiallisen toiminnan pohjalta, huomaamme natsisymboliikan olleen paikoin jopa nykyistä vahvemmin esillä, menneinä vuosina hakaristi-lippujen liehuessa marssijoiden etujoukossa. Jos taas tarkaste-lemme kulkuetta sen nykyisen viestinnän pohjalta, vaikka järjestävä taho ei itse käytä mainonnassaan esimerkiksi valkoiseen ylivaltaan viittaavaa termistöä, lukuisat äärioikeistolaiset tahot puolestaan mainostavat omissa kanavissaan soihtukulkuetta vuoden suurimpana tapahtumananaan. Vain muutaman mainitakseni, näin tekevät vuosittain avoimen fasistinen Sinimusta Liike, äärioikeistolainen Soldiers of Odin -järjestö, valkoista ylivaltaa ajava Active Club sekä äärioikeistolainen kamppailukerho Club 8.

Jos järjestöjen ideologia olisi kulkueen hengen vastaista, on haasteellista nähdä, miksi kulkueen järjestäjät eivät siivoaisi moista roskaa joukostaan. Tietenkään näin ei tule koskaan tapahtumaan.

Yhteistyö uusnatsien tai minkä tahansa muun ääriliikkeen kanssa antaa ääriliikkeelle lisää valtaa sekä legitimiteettiä, näin johtaen suvaitsemattomuuden kasvuun ja rajoittaen lopulta jokaisen yksilön oikeuksia. Yhteistyötahona ollen tässä tapauksessa suoranainen hallituspuolueen kansanedustaja, tämä tarjoaa fasistiselle liikkeelle paitsi lisää valtaa ja legitimiteettiä, myös lisää sen viestin kantamaa ja liikkeen tunnettavuutta merkittävästi. Heidän silmissään äärioikeistolaiset ideologiat ovat nyt saaneet parlamentaarisen hyväksynnän ja liike ottaa ensiaskeleensa salonkikelpoisuuden suuntaan.

Kuten luvun ensimmäisissä lauseissa viittasin, uusnatsit eivät suinkaan olleet ainoita, jotka Helsingissä itsenäisyyspäivänä marssivat. Helsinki ilman natseja -mielenosoitus, joka toimi suorana vastamielenosoituksena edellä mainitulle 612-marssille, keräsi taakseen lähes 1 500 mielenosoittajaa. Noin kolminkertaisesti verrattuna soihtukulkueeseen.

Illan mittaan videoleikkeitä mielenosoitusten tapahtumista leviää niin sosiaalisessa mediassa kuin perinteisessä uutismediassa. Vastamielenosoituksen järjestäjien instagram-tilin kautta välittyy alati tuoretta kuvamateriaalia illan tapahtumista ja näin allekirjoittanutkin pääsee mukaan itsenäisyyspäivän juhlatunnelmaan.

Ensimmäiset videot, jotka näen illan tapahtumista, ovat täynnä poliisin mielenosoittajiin kohdistamaa väkivaltaa: retuuttamista ja maahan paiskimista. Ensimmäiset tilanneraportit kertovat yhden mielenosoittajan saaneen poliisin pampusta mustan silmän, toisen menettäneen tajuntansa poliisin tätä kuristettua.

Erityisen pysyvästi mieleeni jää kaksi videopätkää. Toisessa poliisi suruitta ratsastaa ilmeisen rauhallisesti kävelytiellä seisovan vanhemman herrasmiehen yli. Toisessa poliisi käskyttää kaikkia kamerallisia pois medialle nimenomaisesti osoitetulta kuvauspaikalta. Videolla kuuluvat poliisin selkeät komennot "kuvaajat nyt helvettiin täältä! Jos ette tottele, me otetaan kiinni!" Kontekstin vuoksi mainittakoon kuvaajien kyseisellä hetkellä kuvanneen tilannetta, jossa poliisi varsin raaoin ottein kaataa mielenosoittajan maahan ja painaa polvellaan tämän niskaa, kiinniotetun samalla huutaessa kuinka tämä ei saa henkeä.

Olen aina suhtautunut poliisivoimiimme varsin luottavaisesti. En ihmettele, että mielenosoitusten yhteydessä tehtiin kiinniottoja. Jos poistumiskäskyjä vastustetaan tai poliisia kohtaan osoitetaan väkivaltaa, lienevät kiinniotot varsin odotettuja ja oikeutettuja. Jos kuitenkin näen virkavallan itse käyttävän paikoin hyvinkin brutaalia väkivaltaa ilman selkeää syytä tähän tai näen heidän estävän toimittajia dokumentoimasta tapahtumia, luottamukseni järjestelmän toimivuuteen alkaa myönnettävästi horjua. Tämä lienee varsin luonnollista ja ymmärrettävää. Pikemminkin olisi kummallista, jos tällaiset tilanteet eivät lainkaan horjuttaisi henkilön uskoa ja luottamusta oikeusvaltioon.

Tunnen suurta turhautumista illan tapahtumien kulkuun sekä suurta pettymystä virkavallan toimintaa kohtaan. Natsit marssivat vapaasti ja antifasistit pidätettiin. Uskoni oikeusvaltioasemaamme kohtaan horjuu, mutta sentään voin olla ylpeä ja kiitollinen niille, jotka osoittivat suurta rohkeutta marssimalla fasistista liikettä vastaan. Sen verran näkyy minussakin olevan anarkistin vikaa, että kiitokseni kohteeksi päätyvät vallitsevaa järjestelmää vastustaneet.

Pesäero isänmaallisuuteen

Jos isänmaallisuus tarkoittaa kotimaansa rakastamista, sen kunnioittamista sekä sille omistautumista, olen isänmaallinen. Jos se tarkoittaa ylpeyttä isänmaataan kohtaan tai kiitollisuutta siitä, että olen saanut kasvaa ja elää kotimaassani, olen edelleen isänmaallinen. Tuntemani isänmaallisuus kuitenkin loppuu täysin sillä hetkellä, kun isänmaallisuus vääristetään itsensä irvikuvaksi; kun kotimaata kohtaan tunnettu ylpeys ja rakkaus väännetään oman maan superioriteetiksi tai oman kansan ylemmyydeksi.

Ihmisten kykenemättömyys käsitellä isänmaallisuutta, nationalismia ja etnonationalismia omina kokonaisuuksinaan on hälyttävä.

Tehdäkseni oman osani tämän käsittelyn helpottamisen puolesta, avataan termit. Isänmaallisuus itse korostaa samoja aatteita kuin mitä itse olen edellisessä kappaleessa korostanut. Ihmisen isänmaataan kohtaan tuntema rakkaus, ylpeys, kiitollisuus ja niin edelleen, jotka puolestaan ruokkivat ihmisen omistautuneisuutta isänmaalleen, toimii aatteen ehdottomana kulmakivenä. En näe tässä itsessään mitään väärää. Jos tuntemukset jäävät vain omaa maata kohtaan tunnetun omistautuneisuuden tasolle, isänmaallisuus näyttää toimivan suorastaan voitto-voitto-tilanteena. Valtio itse saa kansalaisikseen sille omistautuneita – sen edun huomioivia sekä sen eteen työpanoksensa mieluusti uhraavia – kansalaisia ja kansalaiset puolestaan löytävät turvan, yhtenäisyyden sekä solidaarisuuden tuntua kanssa-ajattelijoistaan.

Yksilön tuntemukset siitä, että kaikki isänmaallisuutta tuntevat työskentelevät yhteisen ja kaikkia hyödyttävän isänmaan edun puolesta, kannustavat tätä itseään myös kantamaan kortensa kekoon. Tällä lailla isänmaallisuus siis jopa edistää jokaisen kansalaisen etua.

Omistautuneisuus isänmaataan kohtaan toimii väistämättä myös nationalistisen aatteen pohjana, mutta siinä missä isänmaallisuuden tuntemukset toimivat valtionsa kansalaisten edun promoottorina, nationalismi ei tyydy vain tähän.

Nationalismi näkee isänmaallisuutensa vuoksi maalleen omistautuneen kansan ja vakuuttaa tämän oman kulttuurinsa ylivertaisuudesta. Oma kulttuuri, symbolit, traditiot ja elintavat nähdään uudessa valossa – ei vain asioina, joista tuntea ylpeyttä tai joita kunnioittaa, vaan asioina, jotka osoittavat juuri oman kulttuurin ja elintapojen olevan ylivertaisia muihin nähden. Tästä suoraan johtavat ajatukset siitä, kuinka oma kulttuuri tarvitsee puolustajansa, koska ilman puolustajia se rapistuu tai sitä voidaan tarkoituksenomaisesti pyrkiä tuhoamaan.

Nationalisti jakaa ihmisryhmät yksiselitteisesti "meihin ja heihin." On oma "me", joka omaa vaalinnan arvoiset, ylivertaiset ja jopa pyhät elintavat, ja on vieras "he", joka pyrkii kyseiset elintavat tuhoamaan. Tuhoamisena luonnollisesti pidetään kaikkea, joka ei piirulleen toimi omien elintapojen ja normien odottamalla tavalla.

Isänmaallisuuden ja nationalismin suhde korostuu entisestään: jokainen isänmaallinen ei ole nationalisti, mutta jokainen

nationalisti kokee (ainakin omasta mielestään) olevansa isän-
maallinen.

Etnonationalismi ottaa nationalismiin nähden vielä vaka-
vamman käänteen; oma tavoiltaan ja kulttuuriltaan yli-
vertainen ryhmä ei määritykään enää oman valtion tai yhtei-
sen kansakunnan pohjalta, vaan erot löytyvät kielestä,
uskonnosta ja henkilön etnisestä taustasta. Nationalismin
tavoin syntyy "me vastaan he" -asettelu, jossa ryhmien väliset
erot löytyvät pääasiallisesti etnisistä tekijöistä.

Vaikka ero on merkittävä, nationalismi ja etnonationalismi
kulkevat huomattavan usein käsi kädessä. Koska käytännössä
kaikki valtiot omaavat vähintään yhden merkittävän valta-
väestöryhmän, nationalismin mukainen kansakunnan valtio-
keskeinen määräytyminen ei poissulje etnonationalismin
mukaista etnistä määräytymistä. Kummankin aatesuuntauk-
sen usein korostaessa saman sisäryhmän ylivalta-asemaa,
yhteistyö sujuu motiiveista riippumatta saumattomasti.
Konkreettisesti, ajankohtaisesti ja aiheeseen sopivasti, tämä
voitaineen havainnollistaa vaikkapa juuri itsenäisyyspäivän
612-kulkueella, jossa avoimesti nationalistiset ja etnonatio-
nalistiset toimijat ja järjestöt marssivat ylpeästi rinta rinnan.

Isänmaallisuus itsessään ei ole tuomittavaa, mutta isän-
maallisuudeksi naamioitu "Suomi on suomalaisten" -reto-
riikka tai "isänmaan edun" yksiselitteinen – nyanssivapaa –
käsittely on jo nähtävänä suorana nationalismina ja etnonatio-
nalismina, joita ne ovat. Tilanteen hälyttävyyttä ei vähennä
missään määrin se, että tämä on juuri sitä retoriikkaa, jota
saamme tällä hetkellä kuulla pääasiassa Suomalaisen halli-
tuspuolueen toimijoiden suunnasta. Perussuomalainen puo-
lue omaa kiistattoman roolin suomalaisen nationalismin nou-
sussa, samalla naamioiden retoriikkansa muka isänmaalli-
suudeksi tai pragmaattiseksi päätöksenteoksi.

Vaikka itse "Suomi suomalaisille" -iskulause ei raiu kaduilla samalla lailla kuten vielä itse Veikko Vennamon puheiden aikaan, perussuomalaista politiikkaa hallitsevat edelleen sen alaiset teemat ja retoriikka. Kiristykset maahanmuuttopolitiikassa, kansallisten kulttuurisymbolien ihannointi sekä kriittisyys monikulttuurisuutta kohtaan näkyvät politiikkana siirtyneet tehokkaasti messiaalta opetuslapsille. Kannatuksen keräämisen puolesta tämän retoriikan menestys ja toimivuus valtaväestön keskuudessa ei liene mikään ihme. Kuullessaan tätä "Suomi suomalaisille" -retoriikkaa, Suomalainen tavantallaaja kuulee vain puhujan, joka on hänen puolellaan ja turvaamassa juuri hänen etujaan. Puhujaa kohtaan osoitetun kriittisen ajattelun jäädessä pintapuoliseksi tai tyystin olemattomaksi, viesti vaikuttaa täysin positiiviselta ja nationalismin jatkuva kannatus on taattu.

Demokratian itsepuolustus

Suomen historiallinen suhde nationalismiin on ollut vähintäänkin monimutkainen. Nationalismista voidaan historiallisessa kontekstissaan puhua aatteena, joka varhaisvaiheissaan rohkaisi kansakuntia yhdistymään omiksi valtioikseen ja irtautumaan ulkopuolisten kuninkaiden ja ruhtinoiden vallasta. Myös Suomessa nationalismin voidaan sanoa näytelleen keskeistä osaa fennomanian ja täten suomalaisen kansallisen identiteetin synnyssä, mikä puolestaan vahvisti yhtenäisen kansan pyrkimyksiä kohti itsenäisyyttä. Tähän asti kaikki siis hyvin.

Kansallismielisyyden ollessa keskeisessä asemassa erityisesti 1900-luvun alkupuolen äärioikeistolaisten ryhmien retoriikassa, myös nationalismi alkoi omaksua yhä enemmän piirteitä äärioikeistolta. Enää ei puhuttu kansakunnan yhtenäisyydestä, vaan oman kansakunnan ylivallasta. Enää ei puhuttu oman valtion oikeudesta itsenäisyyteensä, vaan puhuttiin siitä, kuinka muut valtiot voivat tätä itsenäisyyttä uhata. Demokraattinen nationalismi alkoi väistyä. Tilalle tuli yhä autoritaarisempi nationalistinen aate.

1920- ja 1930-lukujen Suomessa autoritaarinen nationalismi näyttäytyi erityisesti lapuanliikkeen ja tämän perillisen Isänmaallisen Kansanliikkeen (IKL) toiminnassa. Liikkeiden ajama antikommunistinen toiminta sopi ajan poliittiseen konsensukseen, ja täten näiden oikeistoradikalismi katsottiin läpi sormien, ellei sitä jopa suoranaisesti kannatettu. Liikkeet pahoinpitelivät, murhasivat, vangitsivat ja karkoittivat kommunisteja tai kommunisteiksi epäiltyjä, isänmaallisuuden nimissä tietenkin.

Laajemman kansan toimesta tilanteen "ongelmallisuuteen" havahduttiin kunnolla vasta sen jälkeen, kun kommunistit alkoivat toden teolla loppua Suomesta ja demokratian puolustajina itsensä näkevät liikkeet vaihtoivat tavoitteekseen kaiken vasemmistolaisen tuhoamisen.

Vuonna 1932 lapuanliikkeen harjoittaman radikalismin kukistuessa pitkälti Mäntsälän kapinan myötä, liikkeen aatteet periytyivät sen seuraajalle: Isänmaalliselle Kansanliikkeelle. IKL nähtiin edeltäjäänsä nähden salonkikelpoisena ja demokraattisena. Liike pysyttäytyi laillisissa ja parlamentaarisissa toimintatavoissa, mutta tämän ideologiana toimivat edelleen vahva autoritaarinen nationalismi, antikommunismi ja fasismi. 1930-luvun kuluessa IKL keräsi alati kasvavaa suosiota ja kasvatti jäsenmääräänsä, rikkoen jopa 100 000 jäsenen rajapyykin.

Liikkeen ääriajattelu ei karkottanut sen potentiaalisia kannattajia, se päinvastoin toimi heidän edukseen. Neuvostoliiton edustaessa alati voimistuvaa äärivasemmistolaista ideologiaa idässä sekä Natsi-Saksan äärioikeistolaisen ja fasistisen nationalismin kerryttäessä suosiotaan keskieuroopassa – kummankin luoden kasvavaa hyväksyntää poliittisille ääriaatteilleen – ilmapiiri radikaalien ääriaatteiden menestykseen myös Suomessa oli suorastaan otollisin mahdollinen.

1930-luvun alkuvuosina vielä verrattaen tuntematon varatuomari ja lakitieteen kandidaatti Urho Kekkonen vierailee Saksassa, jossa tämä pääsee henkilökohtaisesti todistamaan muuan Adolf Hitlerin valtaannousua. Saksassa nähty ja koettu äärioikeiston toiminta jättää jälkensä Kekkosen ajatusmaailmaan ja vuonna 1934 tämä kirjoittaa reilun sadan sivun mittaisen pamflettinsa *Demokratian itsepuolustus*.

Teos pitää sisällään varoituksia, kuinka ääriliikkeet voivat kaapata demokraattisen valtion haltuunsa, sekä toimia, joita demokratian on oltava valmis käyttämään ääriliikkeitä vastaan. Summaarisesti voidaan sanoa kirjoitelman nostavan huolen ääriliikkeiden vaikutuksesta demokratiaan sekä tuomitsevan jokaisen ääriaatteen riippumatta näiden poliittisesta suuntauksesta. 1930-luvun Suomessa, kritiikki on väistämättä kohdennettu erityisesti tiettyyn toimijaan: IKL:ään, jota Kekkonen on jo aiemmin syyttänyt "väärästä isänmaallisuudesta." Teos on menestys ja toimii merkittävänä ponnahduslautana nuoren poliitikon uran nivelvaiheessa.

Vuonna 1938 sisäministerin pestiin noussut Kekkonen ottaakin ensimmäiseksi toimekseen IKL:n lakkauttamisen. Lakkauttamispäätös nuijitaan läpi eduskunnassa, mutta kaadetaan tuomioistuimen jo tuolloin kiistanalaisella päätöksellä. IKL saa jatkaa toimintaansa ja kaatuu vasta Moskovan välirauhansopimuksen seurauksena.

Tässä kohtaa joku saattaa kysyä: "No mitä tekemistä tällä historiakatsauksella oikeastaan on yhtään minkään kanssa?" Syy numero yksi: jokaisen suomalaista yhteiskuntaa käsittelevän teoksen täytyy sisältää vähintään yksi Kekkos-anekdootti. Hieman vakavampi syy numero kaksi: maamme historian esiin nostaminen ja ymmärtäminen on oleellista ymmärtääksemme myös tämän päivän tapahtumia ja poliittisia liikkeitä.

Äärioikeistolainen toiminta tai autoritaarinen nationalismiaate eivät ole uusia ilmiöitä, vaan pohjaavat aatteensa ja toimensa yli sadan vuoden takaisiin toimijoihin ja toimintamalleihin. Äärioikeistolainen toiminta on ollut Suomessa paitsi hyväksyttyä myös kannustettua. Lapuanliikkeen aikoina valtaosa väestöstä tietoisesti ummisti tälle silmänsä, koska eiväthän he joutuneet kiihkoilijoiden iskujen ja väkivallan kohteeksi. IKL:n toiminnan aikana, vaikka väkivaltaa ei itse puolueen toimesta järjestelmällisesti harjoitettu, liike peri aatteensa ja päämääränsä lähes sanatarkasti lapuanliikkeeltä. Tämä tietenkin johti väkivaltaisuuksiin liikkeen kannattajien keskuudessa, jotka ymmärsivät IKL:än parlamentaarikelpoisuuden tarkoittavan hyväksyntää myös heidän lapuanliikettä heijasteleville ajatuksilleen ja toimilleen.

Ääriaatteiden muodostuessa järjestäytyneiksi liikkeiksi ja näiden liikkeiden saadessa itselleen legitimiteetin, myös ääriaatteille ominainen väkivalta on odotettavissa. Tällä hetkellä elämme uudelleen reilun sadan vuoden takaisia tapahtumia. Äärioikeistolaiset ideologiat keräävät jälleen hyväksyntäänsä niin Keski-Euroopassa, Yhdysvalloissa kuin Suomessakin. Maailman valta on keskittynyt ihmisille, jotka ovat fasistisia diktaattoreja kaikessa muussa paitsi julkisessa tittelissään. Suomessa rasistiset, fasistiset ja äärioikeistolaiset toimijat marssivat kadulla käsikädessä hallituspuolueen edustajien kanssa.

Autoritaarinen nationalismi hiipui hiljalleen Suomessa jo kahdeksan vuosikymmentä sitten. Vaikka tähän vaikutti väistämättä IKL:n lakkauttaminen ja tämän kautta liikkeen parlamentaarisen legitimiteetin väistyminen, suuri tekijä

116

löytyy myös kansalaisten löytämästä uudesta yhtenäisyydestä. Talvisota sekä muu sota-aika yhdisti Suomen kansaa ja paikkasi niitä haavoja, jotka olivat jo sisällissodasta asti vuotaneet. Kansan yhtenäisyyden tuntu – oli se sotaolosuhteiden valossa selviytymisen kannalta kuinka pakotettu tahansa – tukahdutti autoritaarista nationalismia ruokkivaa me vastaan he -ajattelua. Tuloksena oli kansa, joka vanhoista haavoista huolimatta oli uusien tragedioiden valossa entistä valmiimpi yhteistyöhön ja yhteisen Suomen rakentamiseen.

Nationalismi omaa keskeisen roolin niin valtiomme synnyssä kuin sen historian pimeissä ja verisissä puolissa. Kyseessä on moninainen aate, joka omaa niin demokraattiset kuin autoritaariset ulottuvuutensa ja en siksi näe täysin rehelliseksi tituleerata aatetta yksiselitteisen pahaksi. Kuitenkin ottaessaan autoritaarisen muodon – joka tälläkin hetkellä kerää globaalia suosiotaan – meidän on tunnistettava se tasa-arvon ja demokratian vastaiseksi.

Katsellessani tämän hetken poliittista ja ideologista ympäristöämme, toivon hartaasti etteivät nationalistiset liikkeet jatka kasvuaan niihin suuntiin ja mittoihin, jonkalaisia olemme historiassamme nähneet. Samalla lailla toivon ettei niiden tyyntyminen vaadi tällä kertaa talvisodan kaltaista tragediaa.

Indiana Jones -menettely

Huomaan varsin usein kirjoittaessani kuinka suuri vaikutus kuluttamallani medialla onkaan ollut ajatuksiini. Milloin päähäni pulpahtaa elokuvahahmon napakka one liner -letkautus ja milloin käsittelykohteeseeni sopiva kommentti, jotka sittemmin löytävät tiensä myös kirjoituksiini. Erityisesti elokuvahahmojen persoonat itse ovat kiehtovia. Kuinka elokuvantekijät ovatkaan kyenneet välittämään omia arvojaan ja ajatuksiaan hahmon tekojen ja päätösten kautta; kuinka hahmot ja elokuvamedia itse voivat toimia peilinä katsojan omille ajatuksille ja mitä tämä voi katsojissa herättää.

Merkittävimmin elokuvat muovaavat katsojansa ajattelua päähahmonsa kautta. Yksittäisen hahmon toimiessa tarkkailukulmanamme elokuvan tapahtumiin, hahmon mielipiteet ja päätöksenteko – ja tätä kautta hahmon arvot ja moraali – välittyvät katsojille ja jättävät näihin jälkensä.

Jos jätämme tällä kertaa erinäiset antisankarit odottamaan omaa käsittelyvuoroaan, itselleni kiistatta merkittävimmän tällaisen jäljen jättänyt lapsuusiän – miksipä ei myös aikuisiän – elokuvasankari on Harrison Fordin Indiana Jones.

Indiana Jones lienee eräs tunnetuimista klassisista elokuvasankareista. Ajalleen epätyypillisesti toimintasankari ei ole sotilas tai salainen agentti, vaan arkeologian tohtori ja professori. Tämä ajatus älykkäästä, oikeudenmukaisesta ja sanavalmiista toimintasankarista, joka voittaa vastustajansa useammin nokkeluudellaan kuin lihaksillaan, on erittäin puoleensavetävä. Sankarimme ominaisuudet korostuvat entisestään saadessaan kontrastikseen tämän arkkiviholliset; natsit.

Siinä missä Indy esitetään älykkäänä ja oikeudenmukaisena, natsit näyttäytyvät vähä-älyisinä ja moraalittomina fanaatikoina. Nämä tekevät mitä tahansa saavuttaakseen päämääränsä; päämääränä ollen maailmanvalloitus yliluonnollisten reliikkien avulla, ja "mitä tahansa" ollen kaikki siviilien lahtaamisen ja massatuhon väliltä. Elokuvien narratiivi ei taivu tarjoamaan natsihahmoille pienimpiäkään sympaattisia piirteitä tai pyri oikeuttamaan näiden toimia millään lailla. Natsit esitetään puhtaasti sankarihahmojen esteenä – täydellisenä pahana, joka sankarin tulee voittaa.

Natsien tämänkaltainen kuvaus on elokuvan tarpeet huomioiden älykästä. Kirjoittajat ovat tarvinneet antagonistin, joka toisaalta soveltuu elokuvien historiallisiin raameihin, joka on mahtinsa vuoksi alituinen uhka sankarillemme, ja jonka häviötä yksikään katsoja ei jää itkemään. Sankari voi suruitta pistellä natseja turpiin tai tappaa näitä, ilman, että katsoja joutuu kärsimään kivuliaasta sympatiasta piestyjä ja kuolleita kohtaan.

Pop-filosofi Pontus Purokuru toteaa teoksessaan *Täysin automatisoitu avaruushomoluksuskommunismi*:

> "Jos haluaa tehdä yhteiskuntakritiikkiä suuren budjetin amerikkalaisessa elokuvassa, sanoman on oltava kärjistetty ja osapuolten selkeitä. Natsit ovat helpoin vihollinen, koska he edustavat absoluuttista pahaa, ja kaikkihan vihaavat natseja."

Omaan suuren arvostuksen Pontuksen kirjallista antia kohtaan, mutta tämän "kaikkihan vihaavat natseja" -lausahdus näyttää ikääntyneen huonosti, kun marssimme kohti revanssia 1930- ja 1940-lukujen Euroopasta.

Se, miksi nostan esiin natsien kuvauksen tässä valossa, liittyy keskeisesti edellä mainitun suhtautumisen haalentumiseen ajan myötä. Siinä, missä elokuvien tarjoama natsien yksiselitteinen käsittely tässä liki karikatyyrimaisessa valossa on vielä muutama vuosikymmen sitten jäänyt täysin ilman kyseenalaistajiaan, joudumme fasismin alati kasvavan menestyksen ja normalisoitumisen myötä toteamaan tämän muuttuneen. Natsisympatisoijien ja uusnatsien määrät nousevat ja näiden käsittely absoluuttisena pahana vesittyy.

Keskeisimpänä esimerkkinä fasismin noususta ja salonkikelpoisuudesta läntisessä maailmassa lienee sen aktiivinen nousu Yhdysvalloissa. En voi sanoa tuntevani demokratian tilaa turvatuksi, kun maailman rikkain mies Elon Musk tervehtii hurraavaa yleisöään natsitervehdyksin tai kun Yhdysvaltojen presidentti Donald Trump tituleeraa itseään diktaattoriksi.

Yhtä lailla tunnen oloni turvattomaksi sekä silloin, kun edellä mainittu presidentti luonnehtii antifasistista kansalaisliikettä terroristiorganisaationa, että silloin, kun hän tukee kenraaliensa teloittamista maanpetturuudesta heidän kritisoidessaan hänen fasistisia näkemyksiään. Esimerkkinä jälkimmäisestä: kun Yhdysvaltain armeijan kenraali Mark Milley totesi mediassa uskovansa ja pelkäävänsä, että Donald Trumpin noustua valtaan tämä vainoaisi poliittisia vastustajiaan, Trump vastasi tälle, että ihmisiä on menneinä aikoina teloitettu vastaavista ulostuloista.

Miesten puolustajat ovat toki salamannopeasti kertomassa näiden kriitikoille, kuinka kyseiset lausunnot tai eleet ovat olleet vain silkkaita lipsahduksia tai erehdyksiä; etteivät Trump ja Musk ymmärtäneet kuinka ne voitaisiin käsittää yhteyksinä fasistisiin liikkeisiin.

Riippumatta puheiden ja harjoitetun politiikan yhteydestä, lausunnot ja eleet toimivat tehokkaana kaksoisviestintänä niille, jotka kannattavat niiden mukaista politiikkaa. Siinä missä puhuja tai tämän tukijoukot voivat pyrkiä selittämään lausuntoja vain lipsahduksina tai väärinymmärryksinä, lausuntojen politiikan kannattajat näkevät ne ehdottomana hyväksyntänä omille näkemyksilleen.

Autoritaarisen ja fasistisen politiikan luodessa polarisoivan luonteensa vuoksi itselleen vahvan vastareaktion, fasistinen politiikka kertää tukijoikseen laajalti ihmisiä, jotka toiminnallaan vastustavat ennemmin kuin kannattavat tiettyä politiikkaa. Ideologisten ääripäiden saadessa enemmän poliittista valtaa, tuntevat myös ääripäiden ulkopuolisetkin toimijat painostusta liittyä toisen ääripään toimintaan vain toimiakseen vastavoimana toiselle. Tämä liikehdintä johtaa auttamatta vain ideologisen polarisaation lisääntymiseen ja noidankehän seurauksena ääriliikkeet saavat kasvavia määriä hyväksyntää ja toimijoita.

Näen polarisaation lisääntymisen myötä mahdollisena skenaarion, jossa fasistisen elehdinnän ja symboliikan lisääntyminen aktivistien joukossa syntyisi myös ymmärtämättömyydestä. Ihmisen omatessa vajavaisen tiedon vaikkapa juuri natsisaksan hirmutöistä, hakaristi tai natsitervehdys saatetaan harhautuneesti rinnastaa mihin tahansa hyväksyttävään poliittiseen symboliin. Tämä tietenkään ei vähennä symbolien tuomittavuutta. Ehkä tukeudun tähän ajatukseen vain jonkinlaisena oljenkortena, koska en halua kuvitella kenenkään tosissaan kannattavan kyseisten aatteiden politiikkaa.

Natsisaksan tunnusten ja fasististen symbolien lisääntynyt käyttö ei ikäväkyllä kuitenkaan ole riippuvainen omista näkemyksistäni tai toiveistani. Siinä missä muutamia vuosikymmeniä sitten natsitervehdyksiä tekivät vain harvalukuiset uusnatsiryhmät toisilleen, nyt niitä tekee maailman rikkain mies presidentin virkaanastujaisjuhlissa. Siinä missä samoin muutamia vuosikymmeniä sitten hakaristiliput koristivat vain muutamien fanaatikkojen kellarinseiniä, nyt ne liehuvat Yhdysvaltojen presidentin kannattajien marsseissa ja tilaisuuksissa.

Fasistisen ja antifasistisen yhteiskunnan ääripäät eivät kiteydy vain toisen leirin autoritaariseen utopiaan ja toisen ideaaleihin Harrison Fordista pieksemässä natseja, mutta hyväksynnän tasainen siirtymä jälkimmäisestä kohti ensimmäistä on kiistaton osa ideologisen paradigman muutosta.

Onko kiistanalaista sanoa, että toivon paluuta maailmaan, jossa natsien teot, symbolit ja kannattaminen nähdään kiistattoman moraalittomana ja natsit yksiselitteisen pahoina?

Palatakseni mietinnöissäni himpun taakse päin, haluaisin ajatella Indiana Jones -hahmon tehneen merkittävän vaikutuksen ajatusmaailmaani. Hyvin kirjoitettu sankarihahmo jättää jälkensä yleisöönsä ja suorastaan inspiroi näitä muuttumaan – edes pieniltä osin – kaltaisekseen. Katson Indiana Jonesia hahmona ja näen tämän edustavan älykkyyttä, oikeudenmukaisuutta sekä peräänantamatonta taistelutahtoa epäoikeudenmukaisuutta vastaan ja huomaan pyrkiväni myös itse ilmentämään näitä piirteitä omassa elämässäni.

Indiana Jones elokuvien hahmokuvaus on nähtävä kannanottona, joka se on. Sankarin ruumiillistamat arvot eivät ole sen enempää sattumalta valkokankaalle päätyneitä kuin elokuvan antagonistien piirteetkään. Elokuvien tehdessä natsien kaltaiset antagonistit tunnistettaviksi symboleiksi pahuudelle, ne väistämättä osallistuvat kulttuuriseen arvokeskusteluun. Tämä median rooli on kriittinen erityisesti aikana, jolloin historian opetukset uhkaavat unohtua tai kun ne pyritään tarkoituksellisesti unohtamaan.

Vaikka olen jonkinlaiseen nössöyteen asti vannoutunut pasifisti, joudun toteamaan, että fasistista aatetta tai yhteiskuntamme orastavaa uusnatsismia ei tulla voittamaan konfliktivapaasti tai taistotta. Vaikka kuinka kannattaisin humanistista ja sivistyksenomaista "Vastustajat tulee peitota pätevän argumentaation ja debatin voimin" -periaatetta, puhuessamme intoleranteista ja ihmisvihamielisistä toimijoista, tämä premissi ja menettelytapa on lähtökohtaisesti viallinen. Jos asetamme suoranaiset natsit asemaan, jossa kohtelemme heidän ideologiansa argumentteja kuin mitä tahansa päteviä kannanottoja, asetamme heidän hyökkäyksen kohteensa asemaan, jossa näiden täytyy lähtökohtaisesti puolustaa oikeuttaan elää – argumentoida, miksi heitä ei tulisi tuhota. Ellemme globaalina yhteisönä tee natsina olosta vaarallista, he tulevat vaarantamaan jokaisen ei-natsin olemassaolon.

LUKU 7 – PROMETHEUS, PANDORA VAI PILTDOWNIN IHMINEN?

Arvoja ja reaalipolitiikkaa

Vuosi on 1989. On huhtikuun 12. päivä – keskiviikkoaamu. Yhdysvalloissa, Dallasin messukeskuksessa, liki 8000 alansa johtavaa kemistiä on kokoontunut ACS:n (American Chemical Society) vuosittaiseen konferenssiin. Tapahtuman suoranainen vetonaula on utahilainen kemisti Stanley Pons, joka kollegansa Martin Fleischmannin kanssa vasta pari viikkoa aikaisemmin julkisti vallankumouksellisen keksintönsä: kylmäfuusion.

Keksintö on vailla vertaistaan. Huoneenlämmössä toimivat fuusioreaktorit tarjoaisivat puhdasta energiaa vuosisadoiksi ja suorastaan sinkoaisivat ihmiskunnan teknologisen kehityksen vuosikymmeniä nykyistä edemmäs. Fossiilisista polttoaineista voitaisiin luopua ja niiden hallinnan vuoksi syttyneet sodat lopettaa. Edessä olisi rauhan, sivistyksen ja ennen kaikkea teknologisen kehityksen todellinen kultakausi.

Konferenssi kuluu ja professori Pons vastaa lukemattomiin kysymyksiin keksinnöstään. Kukaan muu ei ole kuluneiden viikkojen aikana onnistunut luotettavasti toistamaan Fleischmann-Pons-kylmäfuusiokoetta, joten ilmapiiri on toiveikkaan jännityksen ohella myös ymmärrettävän skeptinen ja varautunut.

Lähemmäs Ponsin kyselytunnin loppua, eräs kuuntelija haastaa Ponsin suoraan: "Oletko Prometheus, Pandora vai Piltdownin ihminen?" Suorastaan rakastan tätä ilmaisua.

Prometheus-myytti kertoo, kuinka titaani Prometheus loi ihmiset ja varasti näille tulen itse jumalilta ja näin tehdessään antoi ihmisille heidän mahtavimman työkalunsa. Tulen avulla ihmiskunta kehittyi uhmaamaan jopa jumalia.

Pandora-myytti kertoo jumalien päätöksestä rankaista ihmiskuntaa tulen viemisestä. Jumalat lähettivät maahan Pandoran, maailman ensimmäisen naisen, ja antoivat tälle lippaan, jonka kertoivat sisältävän suuren lahjan. Kuitenkin lippaan avattuaan, Pandora vapautti maailmaan kaiken mitä pidämme epäpyhänä, vastenmielisenä ja pahana. Pandoran tekojen myötä ihmisten paratiisi murtui ja vitsaukset alkoivat turmella ihmiskuntaa.

Piltdownin ihminen oli paleontologinen huijaus, jossa arkeologi loi fossiiliväärennyksen evoluution "puuttuvasta linkistä", ilmeisenä tavoitteenaan hyötyä tästä löydöksestä. Vallitsevan teorian mukaan brittiläinen harrastelija-arkeologi Charles Dawson loi väärennyksen, jotta pääsisi mullistavan löydöksen turvin tiedeakatemian jäseneksi. Väärennystä pidettiin aitona vuosikymmeniä, mikä puolestaan hidasti todellista evoluutiotutkimusta merkittävästi.

Prometheus, Pandora ja Piltdownin ihminen. Kehityksen suuri työkalu, ihmiskunnan tuhon mahdollistaja ja muiden kustannuksella tapahtuva lyhytkatseinen oman hyödyn tavoittelu.

Pons vastasi uteluun vain lyhyesti: "No comment."

Post-politiikka on ajattelun ja hallinnan tapa, joka pyrkii nousemaan tavanomaisen poliittisen vastakkainasettelun yläpuolelle. Perinteiset ideologiset arvokysymykset – tai ainakin arvoerojen aiheuttama paikoittainen yhteistyökyvyttömyys poliittisten toimijoiden välillä – pyritään sivuuttamaan. Uudeksi tavoitteeksi otetaan päätöksenteko, joka pohjaa asiantuntijatietoon ja diplomatiaan eri toimijoiden välillä.

On helppoa nähdä, kuinka tällainen ajattelu onnistuu keräämään huomiota ja kannatusta laajan yleisön keskuudessa. Ajatukset esimerkiksi hallitsijasta, joka kykenee tasavertaisesti edustamaan kaikkia alamaisiaan, ovat puoleensa vetäviä. Samoin ajatukset poliitikoista, jotka eivät takerru vastakkainasetteluun vain poliittisten irtopisteiden himosta, ovat houkuttelevia. Ei liene täten ihme, että tämä houkutus kansan yhdistäjistä on nostanutkin valtaan niin presidenttejä kuin tavanomaisempia poliittisen konciston rataksia. Pähkinänkuoressa: kansa haluaa johtoonsa hahmoja, jotka edustavat koko kansaa.

En kaiketi voi syyttää ihmisiä tämän kaltaisesta konsensuksen hakuisuudesta. Olen itsekin puhunut usein poliittisen yhteistyökyvyn tärkeydestä, jopa siinä määrin, että aihe nousi vaaliteemakseni vuoden 2025 kuntavaaleissa. Kuitenkin näen suuren eron siinä kuinka poliittista konsensusta voidaan hakea päivittäisen politiikan toimissa ja kuinka konsensus pitää kyetä sivuuttamaan arvopolitiikassa.

Edustuksellisen demokratiamme monipuoluejärjestelmä pohjaa toimintansa täysin puolueiden väliseen yhteistyöhön. Suurtenkin puolueiden saavuttaessa päättävissä elimissä usein vain 25-30%:n kannatuksen ja päätösten tavanomaisesti vaatiessa yli 50% kannatuksen, jokaisen päätöksen tulee saada taakseen useamman puolueen tuki. Harjoittaakseen politiikkaa nykyisessä parlamentaarisessa järjestelmässämme tai ylipäätään toimiessaan osana puoluekoneistoa, poliitikon tulee kyetä aika-ajoin harjoittamaan pragmaattisuutta. Kuitenkaan pragmaattinen päätöksenteko tai suoranainen teknokraattinen reaalipoliittinen ajattelu eivät saa haastamatta muovata yhteiskuntaamme. Arvojen asema päätöksenteossa ei saa ajautua vain politiikan harjoittamisen esikeskusteluksi tai jäädä pelkkien kokouspöytäkirjojen marginaaleihin.

Ymmärrän täysin koko poliittisen kentän kattavan yhteistyön, kun keskustelemme arvopoliittisesti vähemmän keskeisestä reaalipolitiikasta. Toki jokainen poliittinen päätös sisältää arvopolitiikkaa, poliittisen päätöksenteon tulosten heijastellessa sen tekijöiden arvoja, halusivat he tätä tai eivät. Siinä missä joku saattaa nähdä esimerkiksi kaupunkisuunnittelun jollain lailla arvovapaana virkamies-byrokratiana, näin ei todellisuudessa ole. Kaavoitus määrittää oleellisesti, minkä väestöryhmän etua kaupunki milloinkin ajaa tai millaisia arvoja kaupungin päättäjät edustavat: käyttääkö kaupunki varansa esimerkiksi kaikille ilmaisten harrastetoimialueiden rakentamiseen vai pystytetäänkö kaupunkiin uusi akkutehdas. Arvopolitiikka on läsnä myös reaalipolitiikassa, mutta sen korvaamaton asema korostuu, kun käsittelemme esimerkiksi ihmisoikeuksista sekä näiden yhteiskunnallista toteutumista.

En näe mitään ongelmaa poliittisen yhteistyön harjoittamisessa monien reaalipolitiikkavaltaisten päätösten yhteydessä. Päin vastoin. Kun kyse on vähemmän arvokeskeisistä kysymyksistä, vaikkapa kauppapolitiikasta, infrastruktuurista tai hallintopolitiikasta, huomaan usein omaavani näkemyksiä, jotka, oman puolueeni näkemysten sijaan, vastaavat monin paikoin arvonäkemyksistäni eroavien puolueiden näkemyksiä.

Arvopolitiikka on valtavan laaja jo omana kenttänään, mutta sen vaikutusalue reaalipolitiikassa on myös merkittävä ja näiden välinen suhde väistämätön. Reaalipolitiikan toimiessa resurssien takaajana, arvot määräävät itse resurssien käytöstä. Tämänhetkinen yhteiskuntajärjestelmämme asettaa väistämättä rahan ensisijaiseksi resurssikseen ja täten reaalipolitiikan tehtävä on pääasiallisesti taata raha-resurssin riittoisuus. Arvopolitiikkamme puolestaan ohjaa, kuinka käytämme tämän resurssin; mitä asiaa tai toimea meidän tulee priorisoida, jotta saamme edistettyä arvojemme mukaisen yhteiskunnan syntyä.

Kulttuuri ja ihmisoikeudet ovat arvopolitiikan keskeisin taistelukenttä. Tasa-arvon ihanteesta itsensä johtavat arvot ohjaavat yhteiskunnan vallitsevaa kulttuuria kohti inkluusiivisempaa ja ihmisoikeuksia paremmin kunnioittavaa suuntausta. Tasa-arvoa vastustavat toimet ja ideologiat toimivat tämän vastavoimana.

Reaalipoliittisten toimijoiden teksteissä ja puheissa, arvopolitiikan kentän kulttuurisota jaksetaan esittää täysin toissijaisena – naurettavana haihatteluna, jota pääsääntöisesti aktivistit harjoittavat vain saadakseen osakseen huomiota. Tällainen toimija näkee arvoihin tukeutumisen viestinä heikkoudesta ja täten näkee tukeutumisen reaalipolitiikkaan ainoana "oikeana" tapana harjoittaa politiikkaa. Tässä ajatusmaailmassa arvot saatetaan mieltää esimerkiksi jaloiksi ajatuksiksi, jotka eivät kuitenkaan voi toimia käytännössä. "Olisi mukavaa, että kaikille riittäisi kaikkea, tai että kenenkään ei tarvitsisi käydä töissä, mutta maailma ei toimi niin." Vastaukseni tähän kuuluu: "Mutta eikö olisi hienoa, jos se toimisi?"

Arvot sellaisinaan ovat puhtaita utopian rakenteita. Harjoittaessamme arvopolitiikkaa ammennamme näistä puhtaista arvoista elementtejä, joita voimme käyttää tilanteemme vaatimalla tavalla. Tämä tarkoittaa, että arvojemme mukainen työskentely vie aina toteutuessaan meitä lähemmäs omaa utopiaamme. Arvot tietoisesti sivuuttava reaalipoliitikko ei katso tulevaan, vaan pyrkii toiminnallaan vain ylläpitämään silloista yhteiskuntaansa mahdollisimman muuttumattomana.

Post-politiikan ydinajatuksina ovat ajatukset yhteiskuntaa ohjaavista "hyvistä ideoista". Jos idea toimii, se on hyvä idea ja sitä tulee toteuttaa. Varsin järkeen käypää, eikö vain? Ongelmalliseksi tämä muotoutuu, kun päädymme kysymään, miten määritämme, mikä idea toimii? Vastaus: sellainen idea, joka ratkaisee ongelman vallitsevassa järjestelmässä. Järjestelmän muutokset – erityisesti radikaalit tai boksin ulkopuoliset sellaiset – luetaan jo määritelmällisesti mahdottomiksi, vaikka ne tarjoaisivat vastauksia järjestelmän ongelmiin. Tällä lailla ongelmat itse tunnistetaan jo osaksi vallitsevaa yhteiskuntaa, eikä niiden ratkaisuksi enää hyväksytä mitään sellaista, joka eroaisi yhteiskunnan sen hetkisistä normeista. Reaalipolitiikka nimeää itse ratkaisua vaativat ongelmansa ja osoittaa itsensä ainoaksi keinoksi näiden ratkaisemiseksi. Arvot tuomitaan turhina tai haitallisina – virkamiehet ja asiantuntijat ovat tehokkaampia.

Reaalipolitikko näkee olevansa arvojen yläpuolella. Tämä uskoo arvojen vain kahlitsevan todellisen politiikan toteuttamisen ja täten näkee arvot jopa haitallisena. Tällainen poliitikko voisi vaikkapa julistaa, kuinka empatia olisi huono ohjenuora politiikkaan tai tämä saattaisi iloita päästessään toteuttamaan reaalipoliittisia päätöksiä ilman arvopolitiikan taakkaa.

Reaalipolitiikka on post-politiikkaa rumimmillaan. Ajatus jonkin niinkin turhan asian kuten arvojen yläpuolelle nousemisesta siirtää poliittisen vastuun ja päätöksenteon täysin virkamieskoneistolle, joka tuottaa vain ja ainoastaan resurssitehokkaita ratkaisuja. Koneiston päätöksenteko ei pidä sisällään arvojen luomia ajatuksia kehityksestä tai yhteiskuntamuutoksista. Kylmän reaalipoliitikon lailla se toimii vain ylläpitääkseen silloista järjestelmää, mutta toki pyrkii tekemään tämän mahdollisimman dynaamisesti ja tuottoisasti.

Vain kylmän pragmaattiseen päätöksentekoon itsensä pohjaava virkamieskoneisto onnistuu toisaalta välttämään arvopolitiikalle ominaisen vastakkainasettelun. Poliittisten päätösten pelkistyessä vain numeroiksi, joiden kautta tuottavin lopputulos voidaan laskea, konsensuksen haku on arvopoliittiseen debattiin nähden huomattavasti mutkattomampaa. Arvopolitiikka ei vain synnytä vastakkainasettelua. Se suorastaan kannustaa siihen. Arvojen taakan kantaja ei kykene tekemään kompromisseja, kun kyse on tämän ydinarvoista.

Post-poliittinen lähestymistapa tarjoaa vastakkainasettelun sivuuttavia ratkaisuja, mutta se ei tarjoa vastausta asettelun oleellisimpaan kysymykseen: voidaanko vastakkainasettelun yläpuolelle todella edes nousta? Ei voida – ei ainakaan hyvällä omallatunnolla ja toimivalla moraalikompassilla. Arvopolitiikan nimissä on kyettävä toteamaan joidenkin näkemyserojen olevan sivuuttamattomia. Jopa puhtoisessa lintukoto-Suomessamme esiintyy poliittisia toimijoita, jotka ovat avoimen ihmisvihamielisiä, jotka toiminnallaan avoimesti tuhoavat hyvinvointiyhteiskuntaa, ja jotka suorastaan raiskaavat ihmisoikeuksia.

Yhteistyö – riippumatta yhteistyön laadusta – lisää aina yhteistyötahojen legitimiteettiä. Koska poliittinen toimija esiintyy anteeksiantamattomista arvopoliittisista linjauksistaan huolimatta muiden, jo laajemman hyväksynnän omaavien, puolueiden ja toimijoiden seurassa, myös kiisteltyjen arvojen toimija mielletään jo legitimiteetin omaavien vertaiseksi. Tämänkaltaisen anteeksiantamattomia arvopoliittisia linjauksia ajaneen toimijan kanssa ei tule harjoittaa legitimisoivaa yhteistyötä – ei edes silloin, kun yhteistyö tapahtuu yksinomaan reaalipolitiikan osa-alueilla.

Toki paljastan tässä asettelussa omat korttini. Asetan yhtäläiset ja jakamattomat ihmisoikeudet asemaan, jossa niitä vastaan rikkominen on suurinta syntiä, jota ihminen voi harjoittaa. Jos maailmassa on jotain, jota ihmiskunnan tulee pitää pyhänä, se on ihmisyys itse.

Kaksi presidenttiä

Post-poliittiset näkemykset eivät automaattisesti tarkoita, että toimija pyrkii nousemaan arvokeskustelun yläpuolelle omien rumien tai anteeksiantamattomien arvojensa vuoksi. Eritoten auktoriteettifiguureissa lähestymistapa voi viestiä myös johtajan pyrkimyksestä neutraaliuteen ja yhteistyöhön – halusta nousta arvopoliittisen konfliktin tuomariksi tai sillanrakentajaksi. Rivipoliitikkojen käydessä keskenään ideologista taistelua, post-poliittista neutraaliutta tai näkemysten välistä tasa-arvoa julistava johtaja luo vaikutelman vakaudesta.

Johtajan puolueettomuus ja jokapäiväisen politiikan konfliktinomaisuus luovat välilleen kontrastin, jossa puolueettomuus nähdään joutilaisuuden sijaan viisautena. Itseään alempiarvoisempien riitojen sivuuttaminen ei olekaan laiskuutta, vaan kannan ottamatta jättäminen nähdään eleenä koko kansakunnan parhaaksi. Tällä tavoin viisaaksi havaittu johtaja nähdään kansan vakauttajana – työkaluna, jonka toimet yhdistävät kansaa riippumatta siitä, kuinka paljon arvopoliittista johtotyötä tämä todellisuudessa tekee. Itse asiassa sitä parempi johtaja, mitä vähemmän arvojohtajuutta tämä harjoittaa.

Suomen kansalta on kerta toisensa jälkeen tentattu näiden suosikkipresidenttejä ja kansa on kerta toisensa jälkeen nimennyt suosikkinsa lähes identtisessä järjestyksessä. Kultamitalin on viimeiset muutamat vuodet saanut kantaakseen viimeiseksi pestin jättänyt Sauli Niinistö, kun taas hopeamitalin on saanut Suomen pitkäaikaisin presidentti Urho Kekkonen. Sijoilla 3-5 ovat vaihtelevassa järjestyksessä useimmiten olleet SDP:n Mauno Koivisto, Martti Ahtisaari sekä Tarja Halonen. Haluan hetkellisesti keskittyä tähän jalometallien kärkikaksikkoomme.

"Nyt naamiot on riisuttu, vain sodan kylmät kasvot näkyvät."

Lausahdus on ote presidentti Sauli Niinistön puheesta, jonka tämä antoi tiedotustilaisuudessa välittömänä vastauksena Venäjän hyökkäyssodalle Ukrainassa. Puheessaan tasavallan presidentti yksiselitteisesti tuomitsee Venäjän sotatoimet, vakuuttelee suomalaisia näiden omasta turvallisuudesta sekä lupaa Ukrainalle Suomen vankkumattoman tuen. Hyökkäyssodan alku on seuraavien viikkojen suurin puheenaihe niin mediassa kuin kansalaiskeskustelussakin ja Niinistön edellä mainittu lausahdus komeilee useimpien lehtien kannessa.

Niinistön puhe oli eittämättä vakuuttava. Se kantoi viestin solidaarisuudesta Ukrainan kansaa kohtaan sekä tunnusti sodan raakuuden. Se käsitteli sodan tuomaa turvattomuuden ja pelon tunnetta myös Suomen kansassa, sekä vaati pikaista loppua koko konfliktille. Ei liene minkään valtakunnan ihme, että puhe – vaikka kestoltaan vain pari minuuttia – jäi kansakunnan mieliin ja sydämiin – kansan suitsuttaen Niinistön toimia mestarillisena näyttönä tämän arvojohtamisen taidoista.

Puhe oli tärkeä; sitä ei voi kiistää – olihan kyseessä valtiojohdon ensireaktio sotaan, jonka kaltaista ei oltu nähty Euroopassa vuosikymmeniin. Se oli tärkeä viesti niin Venäjälle kuin Ukrainalle: Suomi tulee seisomaan vankasti hyökkäyksen kohteeksi joutuneen Ukrainan tukena. Se oli tärkeä viesti Suomen kansalle, että nyt ei ole syytä paniikkiin: Suomi ja suomalaiset ovat turvassa. Mitä se ei ollut oli vahvaa arvojohtamista tai arvopolitiikkaa – jollaisena sitä on pidetty.

Puhe loisti tahtoa ja voimaa ylläpitää oman kansan yhtenäisyyttä. Linjaukset toisen eurooppalaisen valtion suojelemisesta hirviömäisen Venäjän tyrannialta eivät olleet maata muuttavia. Suomen ja Venäjän välisen historian ollen täynnä konfliktia – milloin aseellista, milloin ideologista – omaamme perspektiivin Ukrainan kohtaloon, jonka vain harvat maat onneksi jakavat. Venäjän hallinnon julistaessa aikomustaan viettää voitonjuhlia Kiovassa vain muutamia päiviä hyökkäyksen jälkeen, Suomessa mieleemme palaavat Josif Stalinin vastaavat puheet talvisodan voitonjuhlista Helsingissä. Vaikka enää vain harva veteraani on keskuudessamme kyseisen sodan kauhuja muistelemassa, kansakuntana tiedostamme ja ymmärrämme kuinka syvät haavat suurvallan hyökkäys jättää. Tämä kaikki sanoakseni, että Suomen kansan tuki sodanjulistuksen kohteeksi joutuneelle Ukrainalle ei koskaan ollut kyseenalainen.

Konfliktin kestäessä Venäjän tahdon vastaisesti viikkojen sijaan jo vuosia, olemme nähneet useiden valtioiden niin Euroopassa kuin muuallakin maailmassa vähentäneen Ukrainalle antamansa tuen määrää. Yhdysvallat ovat Donald Trumpin johdolla kokonaan lakkauttamassa tukensa Ukrainalle. Euroopassa muun muassa Unkari, Slovakia sekä suuri talousmahti Saksa ovat joko vähentäneet tukeaan tai lakkauttaneet sen kokonaan. Suomen tuki on puolestaan jatkunut tasaisena, myös kestäen läpi hallitusvaihdoksen ja sen tuomien sisäpoliittisten erimielisyyksien.

Tietenkin Ukrainan tukeminen on myös tapamme osoittaa vastarintaa Venäjän hallintoa kohtaan. Suomen maantieteellisen sijainnin vuoksi, sotaisa Venäjä on meille alituinen turvallisuusuhka ja sen luoma epävarmuus luo myös Suomeen epävakautta. Epävakauden vastaisuus ei kuitenkaan ole se ainoa syymme tukea Ukrainaa – emme ole vain kylmiä ja kalkuloivia koneita, jotka auttavat sodan runtelemaa maata vain oman hyötynsä nimissä. Tunnemme kansakuntana aitoa solidaarisuutta sodan uhreja kohtaan.

Tämän kokonaisuuden valossa haluankin kysyä: Oliko Niiniistön päätös osoittaa tukea Ukrainalle se arvojohtamisen taidonnäyte, jona sitä pidetään, vai oliko se jo vallitsevan konsensuksen myötäilyä? Valtaosan suomalaisista jo jakaessa Niiniistön näkemykset, demonstroitu "arvojohtajuus" ei omannut riskejä eikä fasilitoinut muutosta. Presidentin toiminta ei haastanut yhteiskunnan normeja, vaan vahvisti näitä. Suomen tuki Ukrainalle oli selviö, mutta sen ääneen sanonut presidentti sai osakseen kunniaa ja suitsutusta.

Jälleen haluan painottaa, etten kritisoi Niiniistön toimia tai puheita – en etenkään tämän moraalia tai karakteeria. Tämän toimet olivat tilanteen nähden kiistämättömästi oikeat. Kritisoin näiden toimien ja puheiden tulkitsemista arvojohtajuutena ja arvopolitiikkana, joita ne eivät ole.

"Parasta on syyttää minua, Kekkosta."

Kalevi Sorsan hallituksen kaaduttua keväällä 1975, tasavallan presidentti Urho Kekkonen nimittää maan johtoon Keijo Liinamaan virkamieshallituksen. Liinamaan hallituksen ainoa käytännön tehtävä on ylläpitää Suomen hallinnollisia toimia kunnes uudet vaalit saadaan käytyä, ja niiden jälkeen uusi hallitus voisi aloittaa puhtaalta pöydältä, ilman Sorsan hallitusta repineitä erimielisyyksiä. Eduskuntavaalit käydään syyskuussa 1975, mutta vielä marraskuun lopun lähestyessä, hallitusneuvottelijat eivät ole arvopoliittisten ja henkilökohtaisten riitojensa myötä kyenneet hallituksen muodosta-

miseen. 27. marraskuuta 1975 Presidentti Kekkonen kutsuu –
tai pikemmin ehkä käskee – puoluejohtajat kuulolle presiden-
tinlinnaan.

Alle puolituntisen puheensa aikana presidentti kertoo
kuinka on kutsunut arvon johtajat kuulolle vain ja ainoastaan
"runnatakseen läpi toimintakykyisen hallituksen." Kekkonen
linjaa, että poliitikkojen on nyt yksinkertaisesti aika jättää
erimielisyytensä ja työskennellä kansansa hyvinvoinnin puo-
lesta – kuten poliitikon vastuu heidät velvoittaa.

Puheensa jälkipuolella Kekkonen lausuu ikonisesti, että jos
nyt joskus tulevaisuudessa – seuraavien vaalien yhteydessä tai
muutoin – joku tulee nyt valittavaa hallitusta syyttämään
linjauksista, joita presidentti puheessaan vaatii: "parasta on
syyttää minua, Kekkosta." Sitaatti jää elämään suomalaisen
politiikan lentävänä lauseena.

Kekkosen koko puhe on suoranainen post-politiikan
taidonnäyte, jossa tämä sekä nimeää maan kriisiin johtaneen
ongelman että nimeää ongelman mahdollistajat; suuret
työttömyyslukemat johtavat maan perikatoon ja joutilaat
poliitikot vain edistävät kriisiytymistä, jos nämä eivät kykene
nousemaan vastakkainasettelunsa yläpuolelle.

> "Nyt on näet niin paha aika edessä, että nimenomaan vähäväkisen
> kansankodin edustajien on kaiken järjen mukaan, vaikka
> puoliväkisin, tungettava itsensä siihen korkeaan valtioelimeen:
> hallitukseen, joka hoitaa maan taloutta ja maan politiikkaa. Siihen
> on nyt mahdollisuus. Nyt voidaan saada aikaan kansallista
> onnettomuutta, työttömyyden suurimittaista lisääntymistä,
> torjumaan perustettu hallitus. Sen ulkopuolelle ei saa jäädä
> toisarvoisten erimielisyyksien takia."

Presidentin näkemuksen mukaisen hallituksen muodostami-
nen esitetään täysin loogisena ja kaikki sitä vastustava tuo-

mitaan järjen vastaisena. Poliitikot pakotetaan yhteistyöhön ja arvopoliittinen riitaisuus tuomitaan yksiselitteisesti. Erimielisyydet, riippumatta erimielisyyden aiheesta tai argumenttien sisällöstä, tuomitaan jo lähtökohdiltaan toisarvoisiksi. Jos poliitikot päättävät jatkaa erimielisyyksiään, nämä näyttävät pikkumaisilta, typeriltä ja välinpitämättömiltä kansansa kärsimystä kohtaan.

Presidentti Kekkosen post-poliittiset otteet eroavat siitä, jonka tavanomaisesti miellämme post-politiikaksi. Vaikka tämä mielletään vahvaksi reaalipoliitikoksi, tällainen kuvaus ei kerro koko totuutta. Kekkosen arvopoliittiset linjaukset pääsivät loistamaan erityisesti tämän työssä Suomen modernisoinnin puolesta sekä kansainvälisen diplomatian kentällä. Rohkeimmat tutkijat ovat mieltäneet tämän omaavan jopa pasifistisia näkemyksiä – viitaten Kekkosen rooliin ETYK-kokouksessa sekä tämän ilmeisen vahvaan rauhan aatteeseen. Jos tällaista tulkintaa on uskominen, Kekkosen arvopoliittisuus korostuu entisestään. Itselleen epämieluiset arvokysymykset tämä sivuutti toistuvasti.

Kekkosen post-politiikka ei pohjannut tavanomaiseen arvo- ja reaalipolitiikan vastakkainasetteluun. Se juonsi itsensä siitä yksinkertaisesta seikasta, että Kekkonen oli onnistunut asettamaan itsensä asemaan, jossa tämän näkemyksiä ei kyetty tehokkaasti kyseenalaistamaan. Post-politiikan käyttäjä pyrkii nousemaan reaalipolitiikan keinoin arvokeskustelun yläpuolelle, mutta Kekkonen oli valta-asemansa turvin jo tämän keskustelun auktoriteetti. Politiikka ei kaadu arvo- ja reaalipolitiikan kärhämiin, jos on jo olemassa poliittinen taho, jonka tahto on ehdoton. Tämä oli asema, jonka olemassaolon sekä tehon presidentti tiedosti, ja jota tämä ei arkaillut käyttää.

Prometheus, Pandora vai Piltdownin ihminen?

Elämme vuotta 2025. Viimeisen kolmen vuosikymmenen aikana miljoonat ovat menettäneet henkensä raakojen öljysotien uhreina ja alati kiihtyvä ilmaston lämpeneminen uhkaa koko maapalloa. Lienee turhaa todeta kylmäfuusion lupaaman puhtaan ja rajattoman energian osoittautuneen Piltdownin ihmiseksi.

On väiteltyä, oliko Ponsin ja Fleischmannin toiminta tahallista vai tahatonta; pyrkivätkö nämä tahallisesti huijaamaan maailmaa, vaikka tiesivät ettei heidän keksintönsä kestäisi tiedeyhteisön tarkastelua, vai uskoivatko nämä vain liian sinisilmäisinä teknologiansa mahdollisuuksiin, ja täten sokaistuivat kokeidensa ilmeisiltä vajavaisuuksilta.

Piltdownin ihmisen "löytäjä", arkeologi Charles Dawson, ei ollut kuin väärentäjä ja huijari, joka teoillaan tahrasi koko evoluutiotutkimuksen kenttää ja hidasti todellisen tutkimuksen kehitystä vuosikymmeniksi. Tämä hyväksikäytti ihmisten luottamusta ja toivoa, vain saadakseen osakseen julkisuutta ja kunniaa. Näkemykseni Sauli Niiniistön retoriikasta ja post-politiikan harjoittajuudesta eivät ole Dawsonin toimien lailla mustavalkoisen negatiiviset, vaikka joudunkin asettamaan tämän post-politiikalle Piltdownin ihmisen tittelin.

Arvojohtaminen ja politiikan harjoittaminen sisältävät erottamattomana osanaan tahdon rikkoa vallitsevaa yhteiskunnan tilaa. Pyrkimys muutokseen on politiikan käytön ydin ja ilman tätä pyrkimystä emme käsittele politiikkaa – käsittelemme status quon ylläpitoa. Yhteiskunnan tarjotessa normien ja lakipykälien ylläpitämän kehyksen, jonka sisällä toimimme niin jokapäiväisessä arjessamme kuin poliittisissa pyrkimyksissämme, todelliseksi poliittiseksi teoksi voimme luokitella vain teon, joka pyrkii muokkaamaan tätä kehystä.

Jos sen sijaan määrittelemme arvopoliittiseksi onnistumiseksi teon, joka muokkaamisen sijaan myötäilee jo olemassa olevaa kehystä, tämä "onnistuminen" automaattisesti myös hyväksyy kehyksen vallan määritellä onnistumisensa kriteerit. Konsensuskeskeinen johtaminen omaa paikkansa tämän kehyksen sisällä, mutta jäädessään vain nykytilan ylläpitäjäksi tai vallitsevan konsensuksen mukaiseksi muutokseksi, täytyy tunnistaa kyseessä olevan politiikan harjoittamisen sijaan arvovapaa teknokraattinen johtaminen.

Kylmän arvovapaan toiminnan hyödyistä ja tarpeellisuudesta voidaan väitellä. Sota-ajan johtaja lienee nähtävän suurena sankarina, jos tämä täysin arvovapaalla työllään kykenee ylläpitämään maansa suvereniteetin. Samoin kylmä virkamieskoneisto ansainnee kiitoksensa, jos koneiston työpanos vakauttaa maan talouden suuren laman jälkimainingeissa. Epävakaat ajat vaativat vakauttajansa ja konfliktin runtelemat valtiot puolustajansa, mutta olisi epärehellistä kutsua puolustajaa uudistajaksi tai ylläpitäjää arvojohtajaksi.

Niinistön puhe on väistämättä konsensuksen myötäilyä. Sen ansioksi myönnettäköön kyky sanoittaa kansan keskuudessa vallinnut syvä solidaarisuus Ukrainan kansaa kohtaan ja tahto Ukrainan tukemiseen, mutta puheen sisällön kuvaaminen arvojohtajuudeksi olisi harhaanjohtavaa.

Keskeisin vasta-argumentti näkemyksilleni on huomauttaa myös tilan ylläpidon voivan olla arvovalinta, mutta tämä asettaa kyseenalaisiksi ylläpidetyt arvot. Emme elä utopiassa, jonka arvot olisivat täydellisiä ja arvojen toteutuminen virheetöntä. Arvojen ylläpito ja konsensuksen myötäily ovat arvovalintoja: valintoja olla ajamatta arvoja sen sijaan, että pyrkisimme kehittymään lähemmäs utopioitamme.

Presidentti Niinistö tuskin sai juuri tämän puheensa nojalla muutamien päivien mediasuitsutusta suurempaa tunnustusta tai muutakaan henkilökohtaista voittoa. Vaikka en usko tämän

Charles Dawsonin tavoin tarkoituksellisesti harhauttaneen ketään, käsittelemääni Niinistön toimintaan liittyvä julkinen mielikuva on väistämättömässä ristiriidassa todellisuuden kanssa. Vaikuttaa siltä, että kansan harhaan joutuminen ei edellytä harhauttajan tietoista tahtoa.

Mytologisen Prometheuksen kuvataan olleen voittamaton niin älyssään kuin luovuudessaan. Uusien Olympoksen jumalten sivuuttaessa ihmiskunnan vain vähän hyönteisiä merkityksellisempinä, Prometheuksen uskotaan nähneen ihmisissä potentiaalia jopa jumalten uhmaamiseen ja näin tunteneen myötätuntoa ihmisiä kohtaan. Nostiko Prometheus täten ihmiskunnan uhmaamaan jumalia puhtaasta armostaan ja myötätunnostaan vai tekikö tämä näin myös kapinoidakseen jumalten auktoriteettia ja lyhytkatseisuutta vastaan?

Urho Kekkonen lienee nähneensä itsensä aikansa politiikan titaanina – osin myös perustellusti. Oli kyse sitten enemmän vilpistä tai viekkaudesta, Kekkonen onnistui – niin omien poliittisten taitojensa kuin myös Neuvostoliiton vaikutusvallan johdosta – asettamaan itsensä ehdottoman auktoriteetin asemaan – toimien valtansa puolesta Suomen lähes autoritaarisena johtajana. Tämä käytti korvaamattomaksi miellettyä asemaansa tehokkaana työkaluna, nousten sekä vertauskuvallisesti että kirjaimellisesti Suomen sisäpoliittisten erimielisyyksien yläpuolelle, toimien milloin sanoittajana kansan turhautumisille, milloin itse muovaten kansalaiskeskustelun "hyväksytyn" mielipiteen. Tämä opponoi vallitsevia puoluepoliittisia arvonäkemyksiä, kun nämä asettuivat ristiriitaan tämän omien näkemysten tai minkä tahansa Suomen eduksi mieltämänsä linjauksen kanssa.

Kekkosen post-poliittinen ote – tämän nouseminen arvokeskustelun yläpuolelle – ei ollut niinkään teknokraattista kuin se oli puhtaan autoritaarista. Tämä ei perustellut näkemyksiään asiantuntijatiedolla tai virkamiestaidolla, eikä tämä suinkaan jättänyt omia arvojaan toimiensa ulkopuolelle. Arvopolitiikkaa ei pyritty erottamaan reaalipolitiikasta, mutta toteuneet arvot olivat luonnollisesti juuri Kekkosen itse määrittämät.

En toivo tekstiäni ymmärrettävän niin, että osoittaisin sen enempää kunnioitusta kuin hyväksyntääkään Kekkosen hallintatapaa kohtaan. Tämän keinot sivuuttaa arvokeskustelu linjaustensa tieltä oli eittämättä tehokas yhdistelmä arvo- ja reaalipolitiikkaa, mutta oli yhtä lailla väistämättömästi epädemokraattinen – paikoin lähennellen jopa diktaattorin otteita.

Joku voi nähdä esimerkkinä käyttämäni vuoden 1975 hallitusneuvottelun todisteena post-poliittisen otteen toimivuudesta. Itse pidän kyseistä näytöstä tuolloisten puoluejohtajien epäonnistumisena – en presidentin harjoittaman politiikan voittona. On sääli, jos vaaleilla valitut kansan johtajat paljastuvat kykenemättömiksi johtamaan valitsijoitaan, mutta tämän kaltainen kykenemättömyyskään ei ole valtuutus demokratian kaventamiseen. Demokratiaa tulee kohdella itseisarvona.

Tarkkasilmäinen lukija saattaa huomata, että esimerkkinä käyttämästäni kolmijaosta on jäljellä enää yksi.

Vastauksena Prometheuksen kapinaan, Olympoksen jumalat lähettivät maailmaan Pandoran ja tämän lippaassa kaikki maailman vitsaukset. Pandoran raotettua lipastaan ja vitsausten paettua maailmaan, Pandora sulki lippaan, jonne vain vitsauksista viimeinen – toivo – jäi.

Myyttien kerronta jättää paljon varaa tulkinnalle. Onko toivon jääminen juuri se seikka, joka ylläpitää toivon kipinän ihmiskunnassa? Olisiko toivon tunne menetetty, jos toivo pakenisi lippaan uumenista? Jos lippaan sisältö on tarkoitettu ihmiskunnalle ansaksi ja kostoksi, miksi jumalat lähettäisivät vitsauksien joukossa myös ihmisille näennäisesti positiivisen piirteen? Huomaan taipuvani kannattamaan tulkintaa, jossa toivo on todellisuudessa vitsauksista julmin. Mikäpä julmempaa, kuin tarjota toivoa täysin toivottomassa tilanteessa; antaa kuolemaantuomitun kitua mahdollisen pelastuksen toivossa – pelastajan kuitenkin jäädessä vain tämän mielikuvituksen tuotokseksi.

Pintapuolisessa tarkastelussa post-politiikka tarjoaa tarkastelijalleen toivoa. Toivoa, että poliittinen päätöksenteko voi todella toimia yhdistävänä voimana kaikkien eduksi. Toivoa, että vastakkainasettelun aika olisi vihdoin ohi. Toivoa jaetusta kunnioituksesta ja yhteisymmärryksestä, jonka turvin poliitikot toimivat kaikille paremman maailman rakentamiseksi. Julmaa – eikö totta.

Karvas totuus on, että valtaosa poliitikoista – valtaosa ihmisistä – ei tule koskaan jakamaan niitä arvoja, joiden varaan juuri sinun käsityksesi "paremmasta maailmasta" rakentuisi. Reaalipolitiikan varaan rakentuva nykyisen yhteiskuntakehyksen optimointi ei tule rakentamaan kaikille suotuisaa maailmaa, koska jokainen yhteiskunta ja kulttuuri omaa myös omat häpeäpilkkunsa, joita yhteiskunnan arvovapaa ylläpito ylläpitää. Post-politiikka ja sen tarjoama toivo ovat arvopolitiikalle sen suurin vitsaus. Vitsauksen vaikutusta lienee vain voimistavan realisaatio, kuinka tästä toivosta nauttivat yhtäläisesti jokaisen aatekunnan edustajat ja täten siitä ammentavat voimaa myös jokaisen arvolinjauksen vastustajat.

Yhteiskunnallinen muutos ei tapahdu toivolla, järjestelmän myötäilyllä tai vain yhteistä konsensusta hakemalla. Politiikka tarvitsee aina tekijänsä, jotka eivät pelkää rikkoa vallitsevan yhteiskuntansa raameja, koska uskovat oman utopistisen maailmankuvansa olevan saavutettavissa.

JÄLKIPUHE

"Vaviskoot vallassa olevat luokat kommunistisen vallankumouksen edessä. Proletaareilla ei siinä ole muuta menetettävää kuin kahleensa, mutta voitettavana heillä on koko maailma. KAIKKIEN MAIDEN PROLETAARIT, LIITTYKÄÄ YHTEEN!"

Näillä sanoin päättyy eräs maailman historian kiistatta vaikutusvaltaisimpia teoksia – historian vaikutusvaltaisin manifesti.

Manifestin lopetus on erinomainen kiteytys koko teoksen sanomasta: Luokkayhteiskunnan olemassaolo on kiistaton totuus ja alempi luokka tulee tekemään mitä tahansa voittaakseen vallanpitäjät. Maailma on aktiivisesti jo niin julma työläismassoille, että mikään, mitä he voisivat rangaistuksena vallankumouksensa vuoksi kokea, ei voi vastata nykytilan raakuutta. On vain kaksi vaihtoehtoa: nousta uuteen aamuun vallankumouksen sankareina tai kuolla passiivisen joutilaisuuden uhreina. Vihoviimeinen lause on jo suoranainen käsky – luokkasodan marsalkan huutaen esittämä komennus.

Oman manifestini vaikutusarvo lienee ikävä kyllä jäävän siteeratun teoksen varjoon.

Tarkastellessani ympäröivää yhteiskuntaa näen sen kaikessa täydellisessä epätäydellisyydessään.

Elämme keskellä sääntö- ja sopimuspohjaista yhteiskuntajärjestelmää, mutta sopimusten noudattaminen tai noudattamatta jättäminen vaikuttaa riippuvan täysin toimijan julkeudesta ja valta-asemasta.

Demokraattisen järjestelmämme keskeisenä toimintona on antaa valtaan nousseelle päättäjälle itsemääräämisoikeus irtisanoutua täydellisesti äänestäjilleen tekemistään lupauksista. Näin toimiva poliitikko – tai yksinkertaisen enemmistön omaava poliittinen ryhmä – voi myös toteuttaa millaista politiikkaa tahansa – jälleen ollen täysin riippumaton aiemmin nimeämistään arvoista, tavoitteista tai lupauksista.

Jos haluaisin tulkita vallitsevaa tilaa maltillisemmin, toteaisin, että päättäjien koko toimintamandaatin pohjautuessa näiden puheisiin ja lupauksiin, valheet ja vilpillisyys rappeuttavat demokratian ydintä. Jos jättäisin maltillisuuden pois puheistani, kyseenalaistaisin koko järjestelmämme kutsumisen demokratiaksi.

Paikallisen demokratian rappeutumisen osuvana taustakulissina – globaali valta siirtyy kasvavissa määrin demokratioista yksinvaltiaille ja hyväksyttynä kanssakäyntinä näyttäytyy yhä useammin voimapolitiikka.

Kuitenkin, vaikka omaan valtavan turhautumisen näitä havaitsemiani epäkohtia kohtaan, voin myös ymmärtää monien nautinnon ja tyytyväisyyden yhteiskuntamme lukuisiin puoliin. Tätä nautintoa ja tyytyväisyyttä luonnollisesti peilaa pelko niiden menettämisestä – haluttomuus muutokseen. Emmehän voi riskeerata jo nyt hyviksi näkemiämme asioita vain jonkin paremman maailman haaveen vuoksi. Päätän kuitenkin itse uppiniskaisesti jatkaa utopioistani haaveilua.

Päättäjät, poliitikot, toimijat, aktivistit – ihmiset. Aina löytyy joku, joka tavalla tai toisella vaikuttaa maailman suuntaan ja siihen kehitymmekö alati paremmaksi versioksemme vai jäämmekö jatkuvan taantumuksen uhreiksi.

Jos annamme vallan epävarmuudelle tai muutoksen pelolle, menetämme kyvyn korjata nyt havaitsemiamme vääryyksiä ja epäkohtia. Yhteiskuntamme ei ole pohjiaan myöten mätä – monilta osiltaan kaukana siitä – mutta vallitsevien vääryyksien korjaamiseen tulee löytyä muutostahtoa, vaikka joutuisimme siinä sivussa riskeeraamaan myös hyväksi havaitsemamme yhteiskunnan piirteet ja sen mukavuudet.

Kouvolassa, Myllykoskella 5. toukokuuta 2025

Teo Rautio

Vaviskoot vääryydellä valtaan nousseet demokratian vallan-
kumouksen edessä. Arvoiltaan vilpittömillä ei siinä ole muuta
menetettävää kuin kahleensa, mutta voitettavaa heillä on koko
poliittinen järjestelmä. LUPA SUORITTAA!

150